dtv

Das Wichtigmännchen, Prinzessin Hosennaß, die gefräßige Maus, das Strahlenkindchen, Vera im Durcheinanderland – diese und zahlreiche andere phantasievolle Gestalten geistern durch Gerlinde Ortners Märchen. Es sind kleine Antihelden, die sich die Wiener Kinderpsychologin ausgedacht hat, um über das erprobte Mittel des Geschichtenerzählens Eltern wie auch Kindern zu helfen – damit kindliche Protestaktionen und sogenannte Verhaltensstörungen nicht zum ständigen Konfliktstoff werden. Denn welche Eltern sind nicht mit ihrem Latein am Ende, wenn dem sprachgewaltigen Vierjährigen die Schimpfwörter nicht abzugewöhnen sind, wenn das Drängen auf zügiges Aufstehen-Waschen-Anziehen nur noch mehr Trödelei bewirkt oder wenn ernsthaftere Schwierigkeiten wie Bettnässen oder Stottern und Probleme im Kindergarten oder in der Schule auftreten. Für die Eltern ganz wichtig sind die Erläuterungen im Anschluß an die therapeutischen Märchen, in denen die Autorin das jeweils angesprochene Problem kurz umreißt und lebensnahe Ratschläge gibt. Ebenso trägt die Einführung dazu bei, daß dieses Vorlesebuch auch für Eltern gewinnbringend ist.

Gerlinde Ortner, geboren 1945, promovierte 1972 an der Universität Wien und arbeitete in den folgenden sechs Jahren als Kinder- und Jugendpsychologin in Beratungsstellen der Stadt Wien. Nach ihrer zweijährigen Tätigkeit als Psychologin an der Universitätsklinik für sprachgestörte und gehörgeschädigte Kinder leitete sie eine Schule in Spanien. Derzeit arbeitet sie als Psychotherapeutin, Psychologin und Supervisorin in eigener Praxis in Wien. Von Gerlinde Ortner ist ebenfalls erschienen: ›Neue Märchen, die Kindern helfen‹ (1994).

Gerlinde Ortner

Märchen, die Kindern helfen

Geschichten gegen Angst und Aggression,
und was man beim Vorlesen wissen sollte

Deutscher Taschenbuch Verlag

Von Gerlinde Ortner
ist im Deutschen Taschenbuch Verlag erschienen:
Neue Märchen, die Kindern helfen (36154)

Ungekürzte Ausgabe
Juli 1993
10. Auflage Mai 2003
Deutscher Taschenbuch Verlag GmbH & Co. KG, München
www.dtv.de
Das Werk ist urheberrechtlich geschützt.
Sämtliche, auch auszugsweise Verwertungen bleiben vorbehalten.
© 1988 Orac Buch- und Zeitschriftenverlag GesmbH, Wien
© 1991 Verlag Orac im Verlag Kremayr & Scheriau, Wien
ISBN 3-7015-0142-4
Umschlagkonzept: Balk & Brumshagen
Umschlagfoto: © gettyone Stone
Satz: IBV Satz- und Datentechnik, Berlin
Druck und Bindung: Druckerei C. H. Beck, Nördlingen
Gedruckt auf säurefreiem, chlorfrei gebleichtem Papier
Printed in Germany · ISBN 3-423-36107-7

Inhaltsverzeichnis

Ein Wort an die Eltern 9
Wie Eltern ihr Kind richtig motivieren 11

Wenn Ihr Kind nicht schlafen gehen will
   »Ich will noch nicht ins Bett« 21
   Was Eltern dazu wissen müssen 25

Wenn Ihr Kind Alpträume hat
   »1-2-3, Angst vorbei« 28
   Was Eltern dazu wissen müssen 31

Wenn Ihr Kind sich vor Hunden fürchtet
   »Martins Traumreise zu den Zwergenhunden« 34
   Was Eltern dazu wissen müssen 39

Wenn Ihr Kind Angst vor dem Zahnarzt hat
   »Die Meerjungfrau« 42
   Was Eltern dazu wissen müssen 45

Wenn Ihr Kind trödelt
   »Das Strahlenkindchen« 48
   Was Eltern dazu wissen müssen 51

Wenn Ihr Kind unordentlich ist
   »Vera im Durcheinanderland« 54
   Was Eltern dazu wissen müssen 59

Wenn Ihr Kind lügt
   »Der Wahrheitsturm« 61
   Was Eltern dazu wissen müssen 65

Wenn Ihr Kind Schimpfwörter verwendet
   »Das Wichtigmännchen« 67
   Was Eltern dazu wissen müssen 71

Wenn Ihr Kind unfolgsam ist
»Indianerspiel«.................................. 73
Was Eltern dazu wissen müssen.................. 74

Wenn Ihr Kind nägelbeißt
»Das Katzenkind Liesi« 77
Was Eltern dazu wissen müssen.................. 81

Wenn Ihr Kind bettnäßt
»Die Prinzessin Hosennaß« 83
Was Eltern dazu wissen müssen.................. 89

Wenn Ihr Kind stottert
»Florian und die Spechtsprache« 91
Was Eltern dazu wissen müssen.................. 94

Wenn Ihr Kind nicht essen will
»Die gefräßige Maus« 97
Was Eltern dazu wissen müssen.................. 100

Wenn Ihr Kind nicht im Kindergarten bleiben will
»Gregor und sein Teddy« 102
Was Eltern dazu wissen müssen.................. 104

Wenn Ihr Kind den Unterricht stört
»Der Clown mit der hupenden Nase« 107
Was Eltern dazu wissen müssen.................. 110

Wenn Ihr Kind verspottet wird
»Knirps, Kugelrund und Bohnenstange« 112
Was Eltern dazu wissen müssen.................. 113

Wenn Ihr Kind zu Aggressivität neigt
»Thomas und der schwarze Rabe« 116
Was Eltern dazu wissen müssen.................. 120

Wenn Ihre Kinder streiten
»Bammer und Flapsi, die Bärenkinder« 124
Was Eltern dazu wissen müssen.................. 127

Wenn Ihr Kind ein guter Partner werden soll
  »Die Eichhörnchenkinder«...................... 129
  Was Eltern dazu wissen müssen................... 134

Wenn Umweltschutz für Ihr Kind wichtig werden soll
  »Die Stahlix und die Gummerans«................. 135
  Was Eltern dazu wissen müssen................... 138

Wenn Ihr Kind mit dem Tod konfrontiert wird
  »Oma ist gestorben«............................ 140
  Was Eltern dazu wissen müssen................... 141

Ein Wort an die Eltern

Die Idee, diese »therapeutischen« Geschichten für Kinder und Erwachsene zu schreiben, entstand im Lauf meiner Arbeit mit sogenannten »verhaltensgestörten« Kindern. Die meisten von ihnen hätten meine psychologische Beratungsstelle gar nicht aufsuchen müssen, wären ihre Eltern über die Gesetzmäßigkeiten in der Entwicklung ihres Sprößlings informiert gewesen. Aus Unwissen gehen sie häufig über die seelischen Grundbedürfnisse ihres Kindes hinweg und bringen zuwenig Verständnis für manche seiner entwicklungsbedingten Probleme und Verhaltensweisen auf.

Vielen Eltern fällt es auch schwer, ihr Kind entsprechend zu motivieren. Statt es anzuspornen, neigen sie ungewollt dazu, das Kind zu entmutigen. Die Voraussetzung zur richtigen Motivation ist, daß die von den Eltern gestellten Anforderungen den momentanen Möglichkeiten und Fähigkeiten des Kindes entsprechen und daß sie in einer kindgerechten Sprache erfolgen. Märchen sind hervorragend geeignet, sprachliche und mentale Barrieren zwischen Kindern und Erwachsenen zu überwinden. Wie sehr Kinder auf sie ansprechen, habe ich oft und oft erlebt. In meiner Tätigkeit als Kinderspychologin habe ich die vorliegenden Märchen als therapeutische Hilfe wiederholt erfolgreich eingesetzt. Die Kinder identifizieren sich erfahrungsgemäß mit den Helden der Geschichten und übernehmen mit Begeisterung die zur Problemlösung angebotenen Ideen und Lösungsvorschläge: Zauberspruch, Kopfkissenüberraschung und Indianergeheimzeichen motivieren das Kind dazu, sich in spielerischer Weise mit seinen Problemen zu beschäftigen und aktiv an sich und seinem Verhalten zu arbeiten.

Die Märchen sind in gleicher Weise an Kinder und Erwachsene adressiert. Ärgern Sie sich, wenn Ihr Kind in Zeiten höchster Turbulenzen wie ein Traummännlein vor sich hin trödelt oder wenn es vor lauter Unordnung sein Lieblingsspielzeug nicht mehr findet? Geduld, Einfühlsamkeit und die nötige Portion Selbstkritik vorausgesetzt, werden Ihnen die Märchen sicher helfen, Ihrem Kind diese kleinen Marotten abzugewöhnen. Bei schwerwiegenderen Verhaltensstörungen wie Bettnässen oder Stottern, schweren Ängsten oder wenn Ihrem Kind die soziale Eingliederung in Kindergarten oder Schule große Schwierigkeiten bereitet, kann dieses Buch eine psychologische Beratung und eine eventuell notwendige Therapie zwar nicht ersetzen, aber gut ergänzen.

Die theoretischen Teile des Buches sind den Erwachsenen vorbehalten. Eine allgemeine Einleitung und Erläuterung jeweils im Anschluß an die einzelnen Geschichten bieten eine Einführung in die Themen Erziehung und Verhaltensmodifikation und erklären die Grundsätze richtigen Motivierens. Außerdem finden Eltern praktische Anleitungen für den Umgang mit Kindern und ihren Problemen. Ich halte die vorbereitende Lektüre der theoretischen Erläuterungen für sehr wichtig: Denn einerseits sind die meisten Eltern ungelernte Erzieher, das heißt, sie haben in einer so wichtigen Sache, wie es die Erziehung der Kinder ist, keine systematische Ausbildung oder Anleitung erhalten. Daraus ergeben sich bei vielen Eltern Unsicherheiten und Ungeschicklichkeiten. Andererseits sind Probleme, die Kinder ihren Eltern bereiten, zumeist ein Zeichen dafür, daß die Kinder mit den Eltern Probleme haben.

Dieses Märchenbuch soll jedoch nicht ein weiteres Exemplar in der unzähligen Reihe der ›Lehrbücher für Eltern‹ sein. Es erfordert kein Erlernen neuer Erziehungsstrategien, es bedarf keines Umlernens. Es wird nur mehr Betonung auf die richtige Beachtung des Kindes gelegt. Ziel des Buches ist es also, den Eltern eine gewisse Unterstützung zu bieten, ihr Kind richtig zu motivieren, es besser in seiner Problematik zu verstehen, und nicht durch eine zwar gut gemeinte, aber falsche Art von Zuwendung das Fehlverhalten ihres Kindes zu verstärken.

Wie Eltern ihr Kind richtig motivieren

Es gibt gewisse Erziehungsnormen, die während der gesamten Entwicklung des Kindes Gültigkeit besitzen. Die folgenden Tips und Richtlinien sollen Ihnen helfen, Erziehungsfehler zu vermeiden und damit Verhaltensproblemen Ihres Kindes vorzubeugen.

Die Entwicklung des Kindes geht nicht gleichmäßig vor sich. Auf relativ ruhige Perioden, in denen es Neuerlerntes trainiert und Kräfte für den nächsten Entwicklungsschub sammelt, folgen Krisenphasen, in denen es Neues erwirbt und eine höhere Entwicklungsstufe erreicht. Während dieser Perioden steht das Kind unter enormer seelischer und körperlicher Belastung. Es ist labil, besonders empfindlich und gibt mit seinem Verhalten den Eltern nicht selten Rätsel auf. Die gröbsten Erziehungsfehler werden während dieser Phasen gemacht. Einerseits aus fehlendem Verständnis, andererseits weil die Eltern sich bemüßigt fühlen, sich dem »schwierigen« Kind besonders intensiv zu widmen. Das Kind wünscht natürlich die vermehrte Zuwendung der Eltern. Steht es nun häufig auf Grund seines störenden Verhaltens im Mittelpunkt, so wird dieses »Schlimmsein« durch die unmittelbare Beachtung verstärkt und tritt auch dann noch auf, wenn es nicht mehr mit der entwicklungsbedingten Krisenphase in Beziehung zu bringen ist.

Die wichtigsten Krisenphasen:
- Im achten Lebensmonat (erste Unterscheidung zwischen »bekannt« und »unbekannt«, daher »Fremdeln«, Unsicherheit).
- Im dritten Lebensjahr (»Trotzphase«, erstmaliges selbständiges Planen, »Ich-Erkenntnis«, Übergang vom spontanen Denken in der Gegenwart in gezieltes Zukunftsdenken, Ausbildung der Phantasie).
- Im sechsten Lebensjahr (erster Gestaltwandel von der körperlichen Kleinkindform zur Schulkindform, dadurch Störung des seelischen und körperlichen Gleichgewichts, das Kind schläft schlechter, wird ängstlicher, krankheitsanfälliger, »launenhaft«, unordentlicher).

– Pubertät (Verinnerlichung, man wird uneins mit sich selbst, hat Probleme mit der Umwelt, fühlt sich unverstanden und allein, enorme Unsicherheit, Protestverhalten).

In jeder Entwicklungsphase verändert sich das Kind. Die Eltern müssen ihr Verhalten diesem natürlich vorgegebenen Entwicklungsprozeß angleichen. Beim eineinhalbjährigen Kind ist es zum Beispiel erforderlich, starre Richtlinien festzusetzen, äußerste Konsequenz muß geübt werden. Beim zweieinhalbjährigen hingegen, das sich in der psychisch belastenden »Trotzphase« befindet, darf man durchaus hie und da ein Auge zudrücken. Ebenso wird man die Ängstlichkeit und das plötzliche Nichtbefolgen bisher routinemäßig ausgeübter Tätigkeiten des Kindes bei einem sich in der Krisenphase befindenden Sechsjährigen anders bewerten, als wenn dasselbe Verhalten bei einem achtjährigen Kind auftritt, das eine ruhige Entwicklungsphase durchlebt.

Ganz gleich, ob sich das Kind in einer Ruhe- oder Krisenphase befindet, gilt folgender Grundsatz: *Jedes Verhalten wird erlernt.* Durch Lernen erwirbt das Kind gleichermaßen erwünschtes wie auch unerwünschtes Verhalten. Man unterscheidet:

Das Lernen am Modell durch Beobachtung und Nachahmung: Als Modell dient entweder ein sogenannter »Prestigeträger«, also ein Vorbild, oder eine Person, die durch ein bestimmtes Verhalten Vorteile erzielt, die auf das Kind attraktiv wirken oder von ihm als äußerst angenehm erlebt und daher übernommen werden.

Das Lernen am Erfolg: Erhält das Kind unmittelbar auf ein bestimmtes Verhalten eine positive Verstärkung, so wird es dieses Verhalten wiederholen, um noch einmal begünstigt zu werden.

Fallbeispiel:
Eine Gruppe von sechs Kindern findet sich jeden Vormittag zusammen und wird von wöchentlich wechselnden Tagesmüttern betreut. Die Anweisung einer der Frauen lautet: »Mit vollem Mund spricht man nicht.« Peter bemüht sich, den Bissen hinunterzuwürgen, um endlich der Tagesmutter etwas mitteilen zu können. Aber Petra kommt ihm zuvor. Peter versucht Petra zu unterbrechen, aber niemand hört ihn an. Beim nächsten Bissen platzt er mit seiner Mitteilung heraus, ohne sich die Mühe zu machen, die Speisereste zu schlucken. Er hat Erfolg damit, daß er

sich zumindest Gehör verschafft und sich nicht weiter beherrschen muß. Die später erfolgte Rüge der Tagesmutter erzielt weit weniger Wirkung als das augenblickliche Erfolgserlebnis, ja doch angehört worden zu sein. Peter wird nun das nächste Mal wieder mit vollem Mund sprechen (Lernen am Erfolg).

Peters Freund Paul ist genauso ungeduldig. Er lernt von Peter, daß man durch das Herausplatzen mit vollem Mund eher und leichter zum Ziel gelangt, als wenn man erst hinunterschluckt und dann redet (Lernen am Modell).

Was als Erfolg, Belohnung, Bekräftigung oder Verstärker erlebt wird, ist individuell verschieden und situationsabhängig:
- Beachtung: Beachtet zu werden ist ein menschliches Grundbedürfnis. Nichtbeachtung, eine »Null« zu sein, von der niemand Notiz nimmt, gilt als Strafe. Daher hat auch die negative Form des Beachtetwerdens (Kritik, Widerspruch, Ermahnung) Erfolgsbedeutung. Besonders wenn sie das Kind häufiger erlebt als positive Zuwendung. Es gilt die Devise: »Lieber negative Zuwendung erhalten als gar keine!«
- Lob, Anerkennung: Sie sind ein wichtiges Lebenselixier, spornen das Kind an und verstärken sein Selbstbewußtsein (siehe Seite 17f).
- Privilegien: zum Beispiel länger aufbleiben oder das Sonntagsprogramm in der Familie bestimmen zu dürfen.
- Materielle Verstärker: (Süßigkeiten, Geschenke, Geld...): Vorsicht! Materielle Verstärker sollen nur sekundär, also an zweiter Stelle nach den »sozialen Verstärkern« (Lob, Anerkennung, Zuwendung) geboten werden! Das Kind darf nicht dazu erzogen werden, daß es etwa nur dann bereit ist, den Mülleimer auszuleeren, wenn es dafür Geld erhält. Materielle Verstärker bietet man nur bei besonderen Leistungen als zusätzlichen Ansporn.

Fallbeispiel:
Die Tagesmutter stört es, daß Peter sich nicht an ihre Anweisung hält. Sie will aber keine Strafen einsetzen. Deshalb nimmt sie sich Zeit und redet Peter lange gut zu. Dieses Zureden wird von Peter als Belohnung erlebt. Noch wirkt es jedoch nicht als Verstärker, da er Lob als die angenehme Form der Zuwendung empfindet und sich vorerst bemühen wird, es zu erhalten. So beherrscht er sich beim nächsten Mittagessen und spricht nicht mit vollem

Mund. Da aber Paul weiterhin mit jeder Mitteilung gleich herausplatzt, wird er von der Tagesmutter sofort ermahnt, Peter bleibt unbeachtet. Paul erhält auf Grund seines Benehmens Zuwendung, Peters Verhalten bleibt unbeachtet, sein Bemühen wird daher »bestraft«. In der Folge ruft also natürlich auch Peter mit vollem Mund heraus. Die Tagesmutter versucht es noch einmal mit gutem Zureden, Erklärungen und Ermahnungen. Peter und Paul stehen im Mittelpunkt. Nun halten sich auch die anderen Kinder immer weniger an das Verbot. Die Essenssituation wird für die Tagesmutter unerträglich, sie kann sich bei den lärmenden Kindern nicht durchsetzen. Sogar Strafen (wie zum Beispiel nach dem Essen nicht mitspielen zu dürfen) bleiben wirkungslos. Während die Strafe nämlich verzögert eintritt und völlig den Bezug zu dem unerwünschten Verhalten verliert, wirken die Ermahnungen als unmittelbare Belohnung.

Peter beginnt die Tagesmutter abzulehnen. Sie wiederum stempelt ihn zu einem schwierigen Kind ab. So wird Peter eine neue Rolle zugewiesen. Er spielt den Schwierigen weiter und setzt sich damit in Szene. Und Paul macht Dummheiten, damit die anderen über ihn lachen. Er genießt es, weiterhin im Mittelpunkt zu stehen.

Die Tagesmutter hat also durch falsche Zuwendung und durch Beachtung zur unrechten Zeit die beiden zu »wichtigen« Personen in der Kindergruppe gemacht. – Und auf diese Sonderstellung verzichtet niemand freiwillig!

Jede Art von Zuwendung (auch gutes Zureden, Ermahnen, Kritik), die unmittelbar auf ein bestimmtes Verhalten erfolgt, wirkt als Verstärker. Beachtet man ein Kind auf Grund bestimmter Verhaltensweisen, so wird es diese häufiger an den Tag legen.

Fallbeispiel:
Während der nächsten Wochen ist eine andere Mutter an der Reihe, als Tagesmutter die Kinder zu beaufsichtigen. Auch sie gibt die Anweisung: »Mit vollem Mund spricht man nicht.« Peter plappert und spuckt dabei Speisereste aus, Paul macht dumme Bemerkungen, Petra macht sich über ihn lustig und spöttelt.

Die Tagesmutter ignoriert, daß die drei ihre Anweisung mißachten und wendet sich an die Kinder, die nach wie vor versuchen, erst zu schlucken, dann zu reden: »Ich freue mich, daß ihr so geduldig seid und wartet, bis ihr den Bissen hinuntergeschluckt habt.« (Verstärkung durch beschreibendes Lob) »Ich weiß, wenn ihr mir etwas mitteilen wollt, ist es sehr schwierig zu warten, bis der Mund leer ist.« (Verständnis zeigen) »Natürlich sollt ihr alle Gelegenheit haben, von mir angehört zu werden, wenn ihr fertiggekaut habt. Ich bemühe mich, niemanden zu überhören. Damit ihr wißt, daß ich genau merke, wenn jemand gleich nach dem Hinunterschlucken etwas sagen möchte, nicke ich ihm zu, während er noch kaut. Ihr braucht daher nicht ungeduldig zu werden, weil ihr befürchtet, nicht zu Wort zu kommen. Ich bin auf jeden stolz, der sich die kurze Zeit während des Kauens beherrschen kann.« (Motivation und Instruktion für die Weiterführung des erwünschten Verhaltens)

Während die Mutter mit den Kindern spricht, beobachtet sie unauffällig Peter, Paul und Petra. Sobald sie merkt, daß einer von ihnen still wird und weiterkaut, wendet sie sich diesem Kind zu und lobt es: »Ich bin stolz darauf, daß du dich so beherrschen kannst.« (Belohnung durch sofortige Zuwendung) »Wenn jemand mit vollem Mund spricht, kann er sich leicht verschlucken, oder er spuckt dabei Speisereste aus. So ein unappetitliches Benehmen beachten wir gar nicht, da sehen wir ganz einfach weg.« (Sie erklärt, was bei unerwünschtem Verhalten erfolgen wird, ohne dieses durch unmittelbare Beachtung zu verstärken.)

Die Tagesmutter muß die Kinder natürlich nicht ständig loben oder ihnen freundlich zunicken. Sie braucht nur so lange das erwünschte Verhalten der Kinder sofort zu bekräftigen, bis sie es erlernt haben. Auf allfälliges Lob darf man jedoch nie ganz verzichten, um das neu erlernte Verhalten zu stabilisieren.

Fallbeispiel:
Michael spielt im Kinderzimmer. Die Mutter ist froh, daß er sich allein beschäftigt und sie nicht stört. Sie sagt ihm das jedoch nicht, um ihn nicht vom Spiel abzulenken.

Nun wird Michael doch lästig. Die Mutter ermahnt ihn und fordert ihn auf, weiter brav zu spielen. Michael wendet sich kurz dem Spiel zu, beginnt aber gleich wieder, die Mutter zu ärgern. Sie schimpft mit ihm, ermahnt ihn nochmals.

Michael erlebt, daß die Mutter ihn häufiger beachtet, wenn er, anstatt ruhig zu spielen, lästig wird. Um den erwünschten Erfolg zu erzielen, muß er also stören. Durch negatives Verhalten erzwingt sich Michael die Zuwendung, die ihm beim »Bravsein« versagt bleibt. Die Mutter erreicht durch ihre falsche Reaktion also genau das Gegenteil des Erwünschten. Sie hätte mehrmals das Kinderzimmer betreten und durch ein konkreteres Lob ihre Freude über das »brave« Kind zum Ausdruck bringen sollen.

Nichts ist selbstverständlich – schon gar nicht das »Bravsein«! Jedes erwünschte Verhalten des Kindes (auch Routinetätigkeiten wie Essen, Waschen, Anziehen…) muß sofort lobend erwähnt werden, bis es zur Gewohnheit wird. Auch danach sollte man nicht ganz auf Lob verzichten, um die erlernten Verhaltensweisen aufrechtzuerhalten.
Unerwünschtes Verhalten dagegen darf nicht mit sofortiger Zuwendung beantwortet werden! Erst wenn das negative Benehmen abgeklungen ist, sollte man mit dem Kind darüber sprechen.

Wie reagiert man, wenn ein Kind gerade im Begriff ist, »schlimm« zu werden?
– Man greift auf eine positive Alternativsituation zurück
– ignoriert das negative Verhalten
– schlägt eine Brücke zum erwünschten Verhalten.
Das sieht dann konkret etwa so aus: »Gestern habe ich mich sehr über dich gefreut, weil du dich so tüchtig angezogen hast. Ich bin richtig stolz darauf gewesen, wie geschickt du das gemacht hast. Ich weiß, du schaffst es jetzt wieder genausogut.«
Dieselbe aufmunternde Anerkennung ist angebracht, wenn das Kind bereits deutlich ein Fehlverhalten zeigt. Allerdings soll sie in diesem Fall nicht an das Kind direkt, sondern an einen Dritten gerichtet werden. Auch als halblautes Selbstgespräch getarnt, wird sie ihre Wirkung nicht verfehlen. Währenddessen beobachtet man das Kind und wendet sich ihm sofort zu, wenn es das erwünschte Verhalten zeigt.
Ein heikles Thema ist die Strafe. Prinzipiell soll eine möglichst straffreie Erziehung das Ziel aller Eltern und Pädagogen sein. Das heißt jedoch nicht, daß das Kind tun und lassen kann, was es will. Eine Strafe ist dann sinnvoll, wenn sie das unerwünschte Verhalten mit einem gewissen Prestigeverlust behaftet. Wird Strafe als Beweis elterlicher Autorität, zur Aburteilung oder De-

gradierung des Kindes, als Angstmacher oder Buße eingesetzt, so ist sie absolut abzulehnen. Zu tolerieren ist sie nur dann, wenn sie als angekündigte Konsequenz, zum Beispiel in Form des Entzugs von Vergünstigungen, angewendet wird. Strafe allein führt nie zur Einsicht, sie fördert höchstens ängstliches oder raffiniertes Vermeidungsverhalten.

Strafen setzt man notfalls nur ein, um bestimmte, unerwünschte Verhaltensweisen des Kindes einzuschränken, nicht aber, um das Kind zu bestrafen!

Stellt man sich die Erziehung als Stiege vor, die aus vielen kleinen Stufen besteht, so ist ihr Ziel, das Kind vom »Ist-Zustand«, der untersten Stufe, zum »Soll-Zustand«, der höchsten Stufe, zu führen. Dabei ist es notwendig, die Anlagen, Wünsche und Bedürfnisse des Kindes zu berücksichtigen. Man darf keine Stufe auslassen und sollte jedes Teilziel mit dem Kind besprechen.
    Lob bildet einen äußerst wichtigen Bestandteil dieses Erziehungssystems, da es das Kind ermutigt, die jeweils nächste Stufe zu erreichen.
- Lob darf keine Kritik beinhalten (»Na siehst du, warum geht es nicht immer so?!«).
- Lob soll nicht pauschal verwendet werden (»Du bist das beste Kind auf der Welt!«).
- Lob muß die Situation des Kindes erfassen. Das heißt, es muß die Anstrengung, das Bemühen, die Leistung und die Empfindungen des Kindes honorieren und die eigene Freude, das persönliche Interesse am Kind sowie eine echt empfundene, konkrete Anerkennung zum Ausdruck bringen.

Durch Lob kann man dem Kind (auch dem Erwachsenen!) den Weg zu richtigem Verhalten wirkungsvoller weisen als durch Kritik! Lob ermutigt, Kritik entmutigt.

Fallbeispiel:
Andreas zeigt seiner Mutter eine Schönschreibübung. Einige Wörter sind schön, einige fahrig geschrieben.
    Die übliche Elternreaktion: »Schreib alles sofort noch einmal! So häßlich kannst du das nicht lassen.« Unwillig, vielleicht

unter heftigen Protesten wird das Kind mit enormem Zeitaufwand die Wörter nochmals schreiben, ohne sich nun besonders zu bemühen.

Die richtige Reaktion: »Dieses Wort hast du aber schön geschrieben. Es ist dir wirklich gut gelungen. Du hast dabei nicht einmal den I-Punkt vergessen. Ich freue mich auf die anderen Worte, wenn du sie nochmals schreibst und sie dir sicher genauso schön gelingen wie dieses.« Durch diese Art von Lob drückt die Mutter aus, was sie vom Kind erwartet, sie gibt eine Zielsetzung, ohne das Kind dabei zu überfordern. Das Kind wird ermutigt und angespornt, seine Fähigkeiten weiter auszubauen.

Konkretes und beschreibendes Lob spornt nicht nur an, es gibt dem Kind auch die Sicherheit, ernst genommen und verstanden zu werden. Es verwöhnt oder verzärtelt das Kind nicht, sondern festigt es. Ein Kind, das oft genug gelobt wird, findet leichter den richtigen Weg. Es muß sich nicht mehr mit Fehlverhalten in den Mittelpunkt stellen, um wenigstens auf diese Art die Beachtung seiner Umgebung zu erzwingen.

Viele Eltern begehen den Fehler, nur das problematische Verhalten des Kindes zu bemerken. Häufig bereitet es ihnen Schwierigkeiten, seine positiven Seiten zu würdigen. In diesem Fall gibt es ein einfaches Mittel, um einerseits die Eltern anzuhalten, sich mit den Stärken und Talenten ihres Kindes zu beschäftigen, und andererseits dem Kind die notwendige Zuwendung und Anerkennung zu geben: das »Sternchenheft« (vergleiche auch Seite 82, 123). In dieses Heft müssen die Eltern täglich, gleich wie sich das Kind benommen hat (kein Kind benimmt sich den ganzen Tag über unmöglich!), positive Bemerkungen über das Kind einschreiben. Es darf keinerlei Kritik beinhalten! Eine solche Eintragung kann zum Beispiel folgendermaßen aussehen:

»Ich freue mich, daß du mir heute beim Einkaufen geholfen hast. Du bist schon so geschickt und verläßlich. Ich freue mich, daß du mir über die Schule erzählt hast. Es ist schön für mich, mit dir zu plaudern. Ich bin stolz auf dich, weil es dir gelungen ist, nicht wütend zu werden. Da gehört viel Stärke dazu, sich zu beherrschen. Bravo!«

Jeden Abend vor dem Schlafengehen müssen die Eltern dem

Kind vorlesen, was im Erfolgsheft steht. Diese Minuten sollen absolut konfliktfrei sein. Sie vertiefen die Beziehung zwischen Eltern und Kind und vermitteln dem Kind das Gefühl der Sicherheit und des Vertrauens.

Abgesehen von den »technischen« Erziehungsrichtlinien ist es also notwendig, vor allem darauf zu achten, daß in der Familie Verständnis und Geborgenheit an erster Stelle stehen. Die partnerschaftliche Beziehung muß vorgelebt werden. Das bedeutet nicht, daß jedwede Meinungsverschiedenheit der Eltern vor den Kindern geheimgehalten werden soll. Sofern der eheliche Disput nicht in Gehässigkeit ausartet, sofern es den Eltern gelingt, trotz des Streits einander nicht als Feinde gegenüberzustehen, sofern auch die Kinder die Versöhnung erleben dürfen, richtet ein ehelicher Konflikt noch keinen Schaden an. – Ein ständiges Streitmilieu, Lieblosigkeit hingegen schon!

Ein einfacher Schritt, wie man lernt, Verständnis zu zeigen, wie man klarmacht, daß man den anderen ernst nimmt, wie man sich darin übt, auf andere einzugehen, ist es, Gefühle an- und auszusprechen. Das gegenseitige Akzeptieren und Respektieren von Empfindungen und Emotionen ist als wichtiges Erziehungsziel zu werten.

Wahrscheinlich hat schon jeder Erwachsene folgende Situation erlebt: Man hat großen Kummer, ist traurig. Nun erhält man von der Umwelt verschiedene Reaktionen: »Nimm's nicht so tragisch. Die Zeit heilt alle Wunden«, »Reiß dich zusammen. Laß dich nicht unterkriegen«, »Wegen so einer Kleinigkeit regst du dich auf?! Anderen geht es viel schlechter, die haben mehr Grund zu jammern«, »Das Problem kenne ich. Mir ist es damals auch so ergangen, als ich...«, »Lenk dich ab. Ich erzähle dir einen Witz, der bringt dich gleich auf andere Gedanken!«, »Sei doch nicht so überempfindlich!« »Ach, du Armer! Wie schrecklich! In deiner Haut möchte ich nicht stecken.«

Sicher bringt keine dieser gut gemeinten aber dennoch verständnislosen Reaktionen dem Betroffenen echten Trost durch das Gefühl: Da ist jemand, der mich versteht, der mich ernst nimmt. Wenn der Schmerz noch akut ist, will man weder sofort abgelenkt werden noch irgendeinen Rat annehmen, sondern ganz einfach verstanden, in seinem Gefühl ernst genommen werden. Sätze wie »Das bedrückt dich, nicht wahr?«, »Ich kann mir vorstellen, daß dich das sehr enttäuscht«, »Ich weiß, das tut weh«, also ein klares Ansprechen und vor allem Zubilligen von Gefühlen ist im Moment hilfreicher als jeder logische Vorschlag.

Gerade bei Kindern, die noch nicht ganz verlernt haben, Empfindungen auszudrücken, sollte man besonders darauf bedacht sein, nicht die Scheu der Erwachsenen vor Gefühlsregungen auf sie zu übertragen. Gestatten Sie also nicht nur dem Kind, Emotionen zu zeigen, sondern lernen Sie auch, entsprechend darauf zu reagieren.

Fallbeispiel:
Petra hat sich weh getan und weint. Die Eltern versuchen sie zu trösten. Mitleidiges Bedauern (»Mein armes Kleines! Wie ist denn das nur passiert?«) wird das Weinen lediglich verstärken und dazu führen, daß das Kind wehleidige Reaktionen erlernt. Der Versuch, das Kind abzulenken, seine Gefühle herunterzuspielen (»Das ist doch nicht so schlimm, komm, ich kauf dir ein Eis.«), wird bei ihm das Gefühl auslösen, unverstanden und allein gelassen zu sein. Weitaus zweckmäßiger ist ein ruhig und verständnisvoll ausgesprochenes »Das tut wirklich weh«. Eltern sollten keine Angst haben, die Gefühle des Kindes direkt anzusprechen. Wenn es sich ernstgenommen fühlt, wird es sich nicht weiter in seinen Schmerz hineinsteigern und sich rasch beruhigen.

Wenn nun im Anschluß an diese eher allgemeine Einführung Anleitungen zu den einzelnen Märchen und Geschichten folgen, so sollten Sie beachten, daß die Art des Motivierens nur als Vorschlag gedacht ist. Wie Sie konkret mit Ihrem Kind sprechen, kann von Fall zu Fall natürlich variieren. Den »roten Faden« psychologischer Motivationstechniken und die vorgegebenen Erziehungsrichtlinien sollten Sie jedoch beibehalten. Die Programme sind nur dann erfolgreich, wenn Sie, ehe Sie mit dem Training beginnen, die Ursachen kindlichen Fehlverhaltens einfühlsam und selbstkritisch zu erkennen versuchen.

Wenn Ihr Kind nicht schlafen gehen will

»Ich will noch nicht ins Bett«

»Andreas, jetzt ist es endlich Zeit, zu Bett zu gehen!« mahnt die Mutter. Andreas aber, der gerade mit seinen Autos beschäftigt ist, denkt gar nicht daran, sein Spiel zu unterbrechen. »Bitte, laß mich nur noch ein bißchen aufbleiben«, bettelt er. »Jetzt habe ich dich ohnehin schon länger aufbleiben lassen als sonst. Also komm, mach schnell.«

Nach einigen Protesten des Jungen gelingt es der Mutter endlich, Andreas ins Bett zu bringen. Ein rasches Gutenachtküßchen von den Eltern, Licht abgedreht und Tür zu.

Es dauert nicht lange, da streckt Andreas den Kopf zur Tür hinaus: »Ich habe Durst.« »Na gut«, sagt die Mutter, »geh und hol dir meinetwegen etwas zu trinken. Aber mach schnell!« Als Andreas durchs Wohnzimmer geht, werden seine Schritte immer langsamer. Er möchte noch möglichst viel vom Fernsehprogramm erhaschen. Der Vater wird ärgerlich: »Jeden Abend dasselbe Theater!« Nach langem Hin und Her trottet Andreas unwillig in sein Zimmer zurück.

An eben diesem Abend will sich, weit weg von Andreas und seinen Eltern, der Sandmann wieder auf die Reise zur Erde begeben. Der Sandmann streut ja bekanntlich den Kindern Sand in die Augen, damit sie, auch wenn sie nicht wollen, nach einiger Zeit doch einschlafen.

Was du vielleicht noch nicht gewußt hast, ist, daß der Sandmann auch viele Sandkinder hat. Die großen Sandkinder dürfen ihm schon bei der Arbeit helfen. Das jüngste unter ihnen ist ein ganz neugieriger Wicht. Immer wieder drängte es den Sandmann, es doch auch mit auf die Erde zu nehmen. Aber vergebens. An diesem Abend jedoch beschließt es, heimlich mitzureisen. Du weißt ja, daß der Sandmann einen großen Sandsack trägt. Das Sandkindchen leert ein bißchen Sand aus diesem Sack und schlüpft hinein. Und schon beginnt die Reise zur Erde.

Huiii, geht es im schnellen Flug hinunter. Dem Sandkindchen wird bei der Geschwindigkeit ganz schlecht. Endlich auf der Erde angelangt, schlüpft es unbemerkt aus dem Sack. Es ist ihm schwindlig. So muß es die Augen schließen und sich an einer Wand anlehnen. Als es die Augen wieder aufmacht, – oh, Schreck! – ist der Sandmann weg. Lang ängstigt sich das Sandkindchen jedoch nicht: »Ich werde mir zuerst die Erde anschauen, dann habe ich noch immer Zeit, den Sandmann zu suchen«, denkt es bereits vergnügt. »Ich werde gleich in dieses Haus hineinschauen.« Zufällig gelangt das Sandkindchen in das Zimmer von Andreas.

Erstaunt ruft Andreas aus: »Was bist denn du für ein Wicht? Dich kenn' ich ja noch gar nicht. Schaust du aber lustig aus! Wer bist du denn, du komischer kleiner Kerl?« Zum Glück sitzen die Eltern vor dem Fernsehapparat, sonst hätten sie Andreas gehört. »Natürlich kennst du mich nicht. Ich bin ja auch das erste Mal auf der Erde. Mein Vater ist der gute Sandmann.« »Dann bist du also ein Sandkindchen?« fragt Andreas überrascht. »Ja, ich soll dem Sandmann helfen«, flunkert das Sandkindchen und fühlt sich dabei ganz wichtig. »Ich hab' eine Idee!« ruft Andreas. »Du kannst mir einen großen Gefallen tun. Ich finde es so langweilig im Bett. Ich möchte nie schlafen müssen. Wenn der dumme Schlaf nicht wäre, könnte ich viel mehr spielen oder sonst etwas unternehmen. Du kannst mir sicher helfen, daß der Sandmann nicht in mein Zimmer kommt!«

Das Sandkindchen fühlt sich geschmeichelt, daß es so eine wichtige Sache machen soll. »Na gut, ich werde dir helfen«, sagt es. »Der Sandmann hat uns immer erzählt, daß er ein paar der für euch Menschen unsichtbaren Sandkörner vor die Tür der Häuser streut, in denen er schon seine Arbeit verrichtet hat. Er macht das, damit er sich nur ja nicht irrt. Sonst bringt er womöglich jemanden doppelt zum Schlafen und vergißt einen anderen dafür. Ich hab ein paar von diesen unsichtbaren Sandkörnern in meinen Hosentaschen, ich werde sie ganz einfach vor deine Tür streuen.« »Fein, das wird lustig! Jetzt kann ich endlich so lange spielen, wie ich will. Vielen Dank, du bist wirklich ein ganz liebes Sandkindchen!« freut sich Andreas.

Das Sandkindchen verabschiedet sich: »Ich werde mir jetzt ein bißchen die Welt ansehen. Nächste Nacht besuche ich dich wieder. Leb wohl!« Begeistert spielt Andreas mit seinen Autos. Am liebsten würde er seine Autorennbahn aufstellen, aber das könnte die Eltern aufmerksam machen. Er muß oft gähnen, und die Augen beginnen ihm schon zu tränen. Doch er versucht, nicht darauf zu achten.

Am nächsten Morgen ist er ganz bleich und hat dunkle Ringe unter den Augen. Seine Freunde holen ihn zum Spielen ab. »Heute machen wir wieder ein Wettrennspiel!« schlagen sie vor. Andreas freut sich, da er im Wettrennen einer der Besten ist. Außerdem will er es dem frechen Klaus zeigen. Der verspottet nämlich jeden, der nicht zu den Schnellsten gehört. Klaus ärgert sich besonders, wenn Andreas einmal gewinnt. »Achtung – fertig – los!« Alle stürmen los. Aber was ist das? Da ist ja ein Junge ganz hinten! Der Abstand zu den anderen wird immer größer. Es ist Andreas! Vor lauter Müdigkeit läuft er, nein, er kriecht fast wie eine Schnecke hinter den anderen nach. Klaus ist Sieger. Er lacht Andreas tüchtig aus.

Andreas fühlt sich sehr schlapp und ist verdrossen. Er will nicht mehr mit seinen Freunden spielen und geht verärgert nach Hause. Doch auch zu Hause hat er keine rechte Lust, irgend etwas zu unternehmen. Am Nachmittag darf sich Andreas das Fernsehprogramm für Kinder anschauen. Aber er kann sich auf den spannenden Abenteuerfilm kaum konzentrieren. Er hat Kopfschmerzen, und es gelingt ihm nur mit Mühe, die Augen offen zu halten. Am Abend schlüpft er diesmal schon viel rascher ins Bett.

Als alles finster ist, kommt das Sandkindchen wieder: »Na, was ist? Willst du wieder nicht schlafen?« Fast hätte Andreas gesagt, daß er doch lieber schlafen möchte, aber dann überlegt er es sich: »Natürlich will ich nicht schlafen! Die letzte Nacht ist so schön gewesen. Streu bitte wieder die Sandkörner vor meine Tür.«

Und wieder verbringt Andreas die Nacht, ohne zu schlafen. Aber diesmal hat er keine Freude mehr daran, mit seinen Autos zu spielen. Er kramt in seinem Spielzeugkasten herum, ohne sich wirklich mit irgend etwas zu beschäftigen. »Ist mir langweilig! Ich fühl mich auch gar nicht gut, alles tut mir weh. Eigentlich ist Schlafen gar nicht so unangenehm«, geht es ihm durch den Kopf.

Zum Frühstück gibt es seine Lieblingsspeise – Haferflockenmüsli. Doch vor lauter Müdigkeit ist er zu schwach, den Löffel zu halten. Er muß auf seine Lieblingsspeise verzichten.

Nach dem Frühstück geht er in den Park zu den anderen Kindern. Die Augen schmerzen ihn im Tageslicht. Er muß sie zusammenkneifen. »Wie wär's mit einem Ballspiel?« fragen die Kinder. Doch Andreas hat so schwere Arme und Beine, als würden große Eisenkugeln daran hängen. Mit schwacher Stimme sagt er: »Ich mag heute nicht. Spielt allein.« »Du bist aber ein langweiliger Kerl«, meinen die Kinder und lassen ihn stehen. Niemand kümmert sich mehr um ihn.

Andreas sehnt sich so sehr nach Schlaf. »Bin ich dumm gewesen! Nur wenn man ausgeschlafen ist, kann man lustig sein. Nur dann freut man sich auf Spiele und Fernsehen. Nur dann schmeckt die Lieblingsspeise. Nur dann kann man mit den Freunden mitmachen.«

In der Zwischenzeit hat der Sandmann erfahren, daß das Sandkindchen heimlich mit ihm auf die Erde gereist ist. Er hat es überall gesucht und nicht entdeckt. »Hoffentlich hat der kleine Schlingel nichts angestellt!« denkt der Sandmann besorgt.

In dieser Nacht bittet Andreas das Sandkindchen: »Streu keinen Sand mehr vor meine Tür. Mir gefällt es jetzt überhaupt nicht, während der Nacht wach zu bleiben. Alles tut mir weh, und die Kinder wollen nicht mehr mit mir spielen, weil ich immer so müde bin.« »Das verstehe ich nicht«, sagt das Sandkindchen. »Sandkinder schlafen nie und sind nicht müde. Ihr Menschen seid schon seltsame Wesen! Aber ich bleibe trotzdem noch ein bißchen bei dir, weil ich sehen möchte, wie du einschläfst.« Und schon ist Andreas fest eingeschlafen.

Weil das Sandkindchen keinen unsichtbaren Sand vor die Tür gestreut hat, läßt auch der Sandmann nicht lange auf sich warten. Als er sein Sandkindchen entdeckt, ist er sehr froh. Er schimpft zwar ein bißchen mit ihm, aber nur ein bißchen. Doch als er erfährt, daß das Sandkindchen Andreas geholfen hat, zwei Nächte nicht zu schlafen, erklärt er ihm ernst: »Wir kommen ohne Schlaf aus, aber bei den Menschen ist das etwas ganz anderes. Wenn ein Mensch nicht genügend schläft, kann er sehr krank werden. Du hast Andreas helfen wollen, doch beinahe hättest du ihm geschadet. Wir wollen Andreas dafür eine Freude bereiten. Wenn er ab nun abends gleich zu Bett geht, wird er dafür als Belohnung am Morgen eine Kopfkissenüberraschung vorfinden. So, und jetzt laß uns weiterziehen. Es warten noch so viele Kinder auf den gesunden Schlaf.«

Andreas schläft lang, fast bis zum Vormittag. »Ach, habe ich gut geschlafen. Bin ich aber hungrig! Fein, die Sonne scheint, da kann ich mit meinen Freunden ins Bad gehen.« Als Andreas das Bett machen möchte, entdeckt er unter dem Kissen eine wunderschöne bunte Sandkugel. »Die schillert ja ganz prächtig! Die hat mir sicher das Sandkindchen geschenkt!« freut sich Andreas.

In Zukunft findet er immer, wenn er sofort und ohne zu murren ins Bett gegangen ist, in der Früh so eine Überraschung unter seinem Kopfkissen. Er hat nun schon eine ganze Sammlung von herrlichen Sandkugeln, mit denen er fast jedes Kugelspiel gewinnt.

Was Eltern dazu wissen müssen

Das natürliche Bedürfnis nach Schlaf verliert für das Kind jegliche Wichtigkeit, wenn es – wie es bei den meisten nervösen Eltern vorkommt – ins Bett »abgeschoben« wird. Es erlebt diesen Vorgang als Nichtbeachtung und hat das Bedürfnis, die Beachtung zu erzwingen. Wobei das Kind aber nicht gezielt überlegt: »Wenn ich mehrmals aufstehe, werde ich von den Eltern die gewünschte Beachtung erreichen.« Dieses Verhalten wird durch die Zuwendung der Eltern »erlernt« und tritt in der Folge automatisch auf. Durch das Nicht-Schlafen-Wollen erfährt das Kind mehr Beachtung, als wenn es widerstandslos sofort zu Bett ginge. Zusätzlich kann auch noch die Möglichkeit, ein wenig vom Fernsehprogramm zu erhaschen oder länger spielen zu können, verstärkend wirken.

Wie sollen Sie sich verhalten? Das Kind muß vorerst motiviert werden, sein Verhalten wirklich ändern zu wollen. Will man dem Kind den Grund für die Notwendigkeit einer Verhaltensänderung erklären, dann nie, während es noch das unerwünschte Verhalten zeigt. Erklärungen sollen nur vor oder nach einer solchen Situation abgegeben werden, da auch gutes Zureden verstärkend auf unerwünschtes Verhalten wirkt!

Man muß dem Kind für das erwünschte Verhalten Anreize bieten, die mindestens genauso erstrebenswert oder noch attraktiver sind als bisher erreichte Verstärker (Zuwendung, im Mittelpunkt stehen...), und sie konsequent einsetzen. Auf das Fehlverhalten dagegen erfolgt keine Reaktion.

Die Umsetzung in die Praxis könnte etwa folgendermaßen aussehen: »Ich weiß, daß es für dich nicht lustig ist, gleich zu Bett zu gehen, während wir noch auf sind. Es ist sicher nicht einfach, im Bett zu bleiben, während im anderen Zimmer der Fernsehapparat läuft.« (Gespräch vor Auftreten des unerwünschten Verhaltens. Erster Schritt der Motivation: Verständnis und Eingehen auf das Kind.) »Wenn du ausgeschlafen hast, plauderst du am Morgen so lieb mit mir. Das finde ich schön. Wenn du aber noch müde bist, können wir beim Frühstück keine netten Gespräche führen.« (Erklärung für den Grund der erwünschten Verhaltensveränderung)

»Ich habe dir die Geschichte von Andreas vorgelesen, der nicht ins Bett wollte. Ich würde gerne mit dir so ein ›Kopfkissenüberraschungsspiel‹ spielen. Möchtest du das? Dieses Spiel wird uns beiden sicher Spaß machen.« (Zweiter Schritt der Motivation: Interesse des Erwachsenen und Betonung der Gemeinsamkeit. Man lenkt das Kind auf die erwünschte Verhaltensänderung hin.)

»Du weißt, jedes Spiel hat Spielregeln. Wie könnten denn unsere aussehen? Jeder von uns denkt über die Regeln nach, die er einzuhalten verspricht.« (Spielregeln als Instruktionen für die Art und Weise der Verhaltensänderung)

»Ich werde dir, wenn du rasch zu Bett gehst, nicht nur ein Gute-Nacht-Busserl geben, sondern auch noch einige Minuten bei dir sitzen bleiben.« (Aufstellen neuer Verstärker)

»Wenn du aber wieder aufstehst, tue ich, als ob du unsichtbar für mich wärest.« (Entziehen der ursprünglichen Verstärker)

»Falls du aber brav im Bett bleibst, was ich ganz sicher annehme, komme ich nach einer Weile noch einmal in dein Zimmer. Schläfst du bereits, streichle ich dir über den Kopf und gebe dir noch ein Busserl. Am nächsten Morgen, nachdem ich dich aufgeweckt habe, wirst du unter deinem Kopfkissen die Überraschung finden. Es kann wie in der Geschichte eine Kugel sein, ein Abziehbild für deine Sammlung oder welche Kleinigkeit auch immer du dir wünschst.«

Wichtig ist, die neue Situation für das Kind anziehend genug zu gestalten und die »Spielregeln« auch konsequent einzuhalten.

Die materiellen Verstärker in Form der »Kopfkissenüberraschung« dürfen nicht im Vordergrund stehen. Wesentlich ist die Beachtung des Kindes *sofort* beim Auftreten des erwünschten Verhaltens. Man kann auf die materiellen Verstärker langsam und in unregelmäßigen Abständen verzichten, sobald das neu erlernte Verhalten dem Kind keine Schwierigkeiten mehr bereitet.

Ist allerdings Angst die Ursache dafür, daß das Kind nicht schlafen will, darf dieses Programm nicht durchgeführt werden! Die Wurzeln der Angst müssen erst abgeklärt werden. Symptombehandlung allein genügt nicht. Gegebenenfalls sollten Sie einen Psychologen aufsuchen. Nehmen Sie die Angst des Kindes ernst, versuchen Sie nicht, sie ihm gewaltsam auszureden. Besprechen Sie mit dem Kind verschiedene Möglichkeiten, die ihm helfen könnten, Sicherheit zu erlangen und Ängste abzubauen (siehe Seite 31 f.).

Wenn Ihr Kind Alpträume hat

»1-2-3, Angst vorbei«

»Mutti, Mutti!« ruft Claudia aufgeregt, »komm zu mir, ich fürchte mich so! Ich hab' schlecht geträumt.« Nachdem die Mutter sie beruhigt hat, stellt Claudia eine Menge Fragen: »Warum muß ich denn so oft schlechte Träume haben? Warum gibt es böse Gedanken? Was sind eigentlich Gedanken? Woher kommt ein Traum? Warum kann ich mir nicht nur schöne Träume auswählen? Warum geht das nicht, Mutti? Träumen die Großen auch von bösen Dingen? Warum habt ihr, Papa und du, eigentlich keine Angst in der Nacht?«

Die Mutter lächelt: »So viele ›Warum‹ kann ich dir nicht auf einmal beantworten. Sicherlich träumen auch die Erwachsenen oft etwas Schlechtes. Das passiert jedem Menschen. Mit den Gedanken ist das schon eine kompliziertere Sache. Vielleicht verstehst du es besser, wenn ich dir eine Geschichte erzähle. Versuche dir Gedanken wie kleine Männchen vorzustellen. Natürlich ist das in Wirklichkeit nicht so, aber es soll ja eine Geschichte sein.«

Die Gedankenmännchen lebten einst friedlich zusammen und arbeiteten fleißig. Jedes Gedankenmännchen hat eine bestimmte Aufgabe zu erfüllen: Ein Gedanke zum Beispiel kann dir noch einmal die Geschichte erzählen, die dir Mutti vorgelesen hat. Ein zweiter zeigt dir nochmals die schönen Spielsachen, die du bei deinem Freund gesehen hast. Andere Gedanken helfen dir, dich zu erinnern, was deine Eltern dich gelehrt und dir gezeigt haben oder was du im Kindergarten oder in der Schule geübt hast. Die einen Gedanken sind besonders gute Rechner, während andere die Aufgabe haben, dir beim Gedichtaufsagen zu helfen.

Eines Tages brach ein Streit unter den Gedankenmännchen aus. Niemand kann sich erinnern, wie es anfing. Jedenfalls waren die Gedanken nicht mehr zufrieden. Irgendeiner wollte plötzlich wichtiger sein als der andere.

»Ich bin doch ein so wichtiger Gedanke. Wenn ich nicht wäre, könnte unser Kind nie die Burg fertigbauen, da ich ihm ja nicht mehr sagen könnte, wie es weitergeht. Ich bin also viel wichtiger als du!« meinte dieser zum Rechengedanken. »Welches Kind freut sich schon, wenn es rechnen muß!« »Vielleicht freut es sich nicht«, erwiderte grimmig der Rechengedanke, »aber durch mich wird unser Kind einmal ein tüchtiger Schüler, der selbständig einkaufen gehen kann und richtig mit seinem Taschengeld umgeht.« »Ich möchte gerne wissen, worüber ihr streitet«, mischte sich ein anderer Gedanke ein. »Ich bin doch wirklich der wichtigste, und mir gebührt der Ruhm. Ich bin der Meister im Zusammenbasteln von verschiedenen schönen Dingen, die unser Kind erlebt hat. Ich mache daraus die schönsten Träume. Was gibt es Besseres, als schön zu träumen?!«

Der Traumgedanke machte sich so wichtig, daß die anderen Gedankenmännchen vor Zorn rote Köpfe bekamen. Je mehr die anderen ihren Ärger zeigten, desto mehr freute sich der Traumgedanke. Er blähte sich auf, stellte sich auf die Zehenspitzen, um den anderen Gedankenmännchen zu zeigen, daß wirklich er der größte und wichtigste war. Immer mehr Gedankenmännchen umringten den Wichtigtuer. Sie redeten ihm zuerst gut zu: Er solle nicht so überheblich sein, sie alle zusammen wären für ihr Kind wichtige und bedeutende Gedankenmännchen – jedes Männchen auf seine Art. Doch der Traumgedanke wollte sich nicht mit ihnen vergleichen lassen. Nun schalteten sich alle Gedankenmännchen in den Streit ein, aber keinem gelang es, den Traumgedanken zu übertrumpfen. Sie mußten einsehen, daß dem Traumgedanken mit Worten nicht beizukommen war.

Da beschlossen die Gedankenmännchen, gemeinsam etwas gegen den stolzen Traumgedanken zu unternehmen. »Wir werden ihm schon zeigen, daß ein Kind gar keine Träume braucht. Warte nur!« In ihrem Ärger überlegten sie nicht lange. Sie wollten dem Angeber einen Streich spielen. Daß das vielleicht ein dummer Streich sein könnte, kam ihnen gar nicht in den Sinn.

Was aber heckten die Gedankenmännchen aus? Sie beschlossen, die schönen Träume des Traumgedankens durcheinanderzubringen. Und sie waren so eifrig beim Erfinden neuer Streiche und freuten sich so sehr über den Ärger des Traumgedankens, daß sie dabei ihr armes Kind ganz vergaßen, das sehr unter seinen bösen Träumen litt. Endlich aber schaltete sich bei dem Gedankenmännchenstreit der vernünftigste Gedanke ein. Er gab dem bereits verzweifelten Traumgedanken den Rat: »Sei nicht mehr so eingebildet! Jeder von uns ist gleich wichtig. Keiner darf fehlen, aber keiner soll glauben, gerade er sei der Allerwichtigste der Gedanken. Nur wenn wir alle zusammenhalten und nicht streiten, können wir unserem Kind helfen.«

Der Traumgedanke nahm sich fest vor, den Rat des vernünftigsten Gedanken zu befolgen. Die anderen Gedankenmännchen hatten dem Traumgedanken verziehen und mischten sich nicht mehr in seine Arbeit ein. So konnte der Traumgedanke dem Kind wieder schöne, lustige Träume geben.

Aber da er nun einmal doch sehr eitel war, vergaß er manchmal seinen Vorsatz. Dann wurde er wieder unbescheiden, prahlte und wollte die anderen übertrumpfen. Doch die Gedankenmännchen waren auf der Hut. Schon in der folgenden Nacht machten sie eifrig seine Träume schlecht. Und das so lange, bis der Traumgedanke wieder bescheiden wurde. Deshalb geschieht es hin und wieder auch heute noch, daß die Gedanken in Streit geraten und du schlechte Träume hast. Träumst du von Geistern, von bösen Räubern oder garstigen Menschen, dann ist das der Streich des Gedankens, der dir sonst Muttis liebe Geschichte noch einmal erzählt. Gehst du schon zur Schule und träumst du, daß du eine Riesenschlange von Rechnungen zu bewältigen hast und verzweifelt bist, weil du nicht weiter weißt, so ist das der Rechengedanken gewesen. Träumst du, daß deine Spielsachen sich drohend erheben oder daß dir alle davongelaufen sind, dann war das der Gedanke, der dir sonst deine schöne Burg bauen hilft.

Ich werde dir nun verraten, wie es dir gelingen kann, die dummen Gedanken wieder zur Ordnung zu rufen, damit jeder brav seine Aufgabe erfüllt. Du kannst das ganz sicher, denn du bist ja der »Hauptmann« deiner Gedanken.

Hast du schon von dem lustigen Zauberlehrling gehört? Du kannst auch so ein Zauberlehrling werden. Jedem Zauberlehrling mißlingen am Anfang manchmal seine Zaubersprüche. Dem großen guten Zauberer ist es nicht anders ergangen, als er noch ein Zauberlehrling war. Mit ein wenig Übung werden auch deine Zauberkräfte immer stärker.

Jeder Zauberlehrling braucht drei wichtige Dinge: einen Zauberspruch, eine Zauberhilfe und Geduld. Der Zauberspruch ist ganz einfach zu merken: »1-2-3, Angst vorbei.« Jetzt brauchst du noch die Zauberhilfe. Die ist ganz besonders wichtig. Du hast doch sicher ein Lieblingsspielzeug. Vielleicht einen Teddy, einen Hund oder Hasen? Es kann natürlich auch deine Lieblingspuppe sein. Nimm es nur fest in die Arme, drück es an dich und sag den Zauberspruch. Jetzt kommt etwas Wichtiges: Nachdem du den Zauberspruch gesagt hast, denkst du an etwas ganz Liebes oder Lustiges. Du kannst dir zum Beispiel vorstellen, welch liebe Knopfaugen dein Teddy hat und wie weich sein Fell ist. Oder du denkst, wie du morgen mit ihm spielen wirst. Du mußt dein Lieblingsspielzeug nur fest an dich drücken und dir die schönen Sachen sehr gut vorstellen.

Falls aber die dummen Gedanken noch immer keine Ruhe geben, dich wieder ängstigen, versuche alles noch einmal. Du wirst dich gleich wieder besser und sicherer fühlen. Dein Lieblingsspielzeug hilft dir ja dabei. Wenn dir dein Zauberspruch gelungen ist, erzähle am nächsten Morgen gleich deinen Eltern davon, damit sie sich freuen können, daß ihr kleiner Zauberlehrling schon so tüchtige Fortschritte gemacht hat.

Was Eltern dazu wissen müssen

Hat Ihr Kind schlecht geträumt oder fürchtet es sich, so braucht es Wärme und Zuwendung. Sich als Elternteil in dieser Situation richtig zu verhalten bedarf jedoch einigen Fingerspitzengefühls: Da jede Art von Zuwendung, die sofort erfolgt, das Verhalten des Kindes verstärkt, kann jede falsche Reaktion das Kind noch mehr verunsichern und seine Ängstlichkeit vergrößern. Als typischer Verstärker würde zum Beispiel folgende Reaktion wirken: »Was ist denn los mit dir? Wovor fürchtest du dich denn? Du mußt doch keine Angst haben, Mama und Papa sind ja bei dir! Na, beruhige dich doch! Es ist ja niemand da, der dir etwas antun könnte. Fürchte dich doch nicht! Na komm, es ist ja alles gut. So, jetzt schlaf schön!«

Entweder läßt sich das Kind dadurch nur für kurze Zeit beruhigen, oder es fordert von den Eltern, daß sie bei ihm im Zimmer bleiben. Meistens endet eine derartige Situation jedoch damit, daß das ängstliche Kind zu den Eltern ins Bett schlüpft. Wobei die Gefahr besteht, daß das Kind dieses angenehme Gefühl wiederholen möchte und so das Schlafen bei den Eltern zur Gewohnheit wird. Außerdem verstärken die Eltern die Angstreaktion des Kindes, indem sie ausschließlich sein Angstverhalten beachten. Sie bieten dem Kind keine echte Hilfe an.

Richtig wäre:
- das Gefühl des Kindes anzusprechen, seine Angst als Tatsache zu akzeptieren
- Sicherheit zu geben
- das Kind auf angenehme Gedanken hinzulenken
- Lösungsmöglichkeiten anzubieten und das Kind zu motivieren, diese auch anzuwenden
- Erfolge durch Zuwendung zu belohnen.

Im Gespräch könnte das zum Beispiel so aussehen: »Du hast Angst, weil du schlecht geträumt hast. Ich verstehe dich. Es ist sehr unangenehm, wenn man sich fürchtet. Weißt du was? Ich helfe dir, diese dumme Angst ganz schnell zu verscheuchen. Wir werden es gemeinsam versuchen. Ich bin sicher, daß uns das gelingen wird. Du weißt, wir sind immer in deiner Nähe und passen gut auf. Erinnerst du dich, was Claudia in der Geschichte gemacht hat? Sag mal, welches ist eigentlich dein Lieblingsspielzeug? Komm, wir suchen es. Da, nimm und drück es fest an dich. Mach alles, wie es Claudia in der Geschichte gemacht hat. Ich erkläre es dir noch einmal genau. Ich werde später ein paarmal in dein Zimmer kommen und jedesmal ein bißchen bei dir bleiben. Dann sehe ich, wie gut du schon gelernt hast, die Angst zu verscheuchen. Wenn du noch nicht eingeschlafen bist, erzähl mir bitte sofort von deinem Erfolg. Ich bin schon sehr neugierig darauf und freue mich. Gleich morgen früh plaudern wir dann nochmals darüber. Einverstanden?«

Das An-Sich-Drücken des Lieblingsspielzeuges gibt dem Kind eine gewisse Sicherheit und macht es ihm leichter, sich liebe Dinge vorzustellen. Zusätzlich hilft ihm die Gewißheit, daß die Eltern, wenn auch nicht im Zimmer, dennoch da sind. Die angenehme Konzentration auf das Lieblingsspielzeug läßt die Angst leichter verschwinden. Der »Zauberspruch« und die Motivation der Eltern helfen dem Kind, das Vertrauen auf ein Gelingen zu gewinnen.

Läßt sich das Kind trotz all dieser Versuche nicht beruhigen, so bestehen Sie besser nicht auf diesem Programm. Lassen Sie im Kinderzimmer Licht brennen und die Türe offenstehen. Nützt auch das nichts, erlauben Sie Ihrem Kind – ausnahmsweise –, zu Ihnen ins Bett zu schlüpfen. Diese Hilfestellung muß aber möglichst bald wieder abgebaut werden!

Wenn Ihr Kind sich vor Hunden fürchtet

»Martins Traumreise zu den Zwergenhunden«

Martins Eltern sind tagsüber fast nie zu Hause, weil beide arbeiten müssen. Deswegen geht Martin oft zu seiner Großmutter. Er hat seine Omi sehr gern.

Martin ist ein aufgeweckter, lebhafter Junge. Die Omi muß ihn immer wieder zur Vorsicht mahnen. Alles faßt Martin an, alles wird gleich ausprobiert. Also, feig ist Martin keineswegs – und doch fürchtet er sich vor etwas: Er fürchtet sich vor Hunden. Vor großen, kleinen, schwarzen, weißen, vor allen Hunden läuft er ängstlich davon.

Diese Angst trägt er schon seit einiger Zeit mit sich herum. Er kann sich noch genau erinnern, wie das alles begonnen hat: Früher streichelte Martin jedes Tier, das ihm begegnete. Die Eltern ermahnten ihn: »Man soll fremde Tiere nicht anfassen. Die Tiere kennen dich nicht, sie könnten daher erschrecken und sich verteidigen wollen, indem sie nach dir schnappen.« Martin jedoch hörte nicht auf den Rat der Eltern. Seine Omi nahm er auch nicht ganz ernst, denn sie zeigt ihre Sorge besonders ängstlich: »Martin, faß' doch das Tier nicht an. Es wird dich gleich beißen!« Die Großmutter hatte schon immer Angst vor Tieren.

Eines Tages, als Martin mit seiner Omi spazierenging, sah er einen Hund vor dem Lebensmittelgeschäft liegen. Der Hund wartete brav auf sein Herrchen. Martin lief von hinten zu dem Hund hin und wollte ihn streicheln. Der Hund erschrak sehr. Da er wahrscheinlich glaubte, es wolle ihm jemand etwas antun, schnappte er nach Martins Hand. Martin vergaß im ersten Schreck zu weinen. Die Großmutter war entsetzt. Sie stürzte zu Martin hin, drückte ihn an sich und herzte und koste ihn. Nun weinte Martin bitterlich, obwohl auf seiner Hand nur ein paar Kratzer zu sehen waren. Die Großmutter konnte sich den ganzen Heimweg über nicht beruhigen. Immer wieder untersuchte sie die Kratzer und kontrollierte, ob sie nicht doch zu bluten anfingen. Seit diesem Ereignis paßt die Großmutter besonders gut auf Martin auf, und Martin wird seine Hundeangst nicht mehr los.

Martin hat einen guten Freund. Er heißt Klaus. Martins Eltern würden ihm sicher erlauben, öfter mit Klaus allein spielen zu gehen, aber Martin will nicht. Warum, die Erklärung ist einfach: Klaus hat einen großen Hund, den er über alles liebt und der ihn daher überallhin begleitet. Noch dazu wird dieser Hund, besser gesagt diese Hundedame, bald Junge bekommen. Martin, dem Klaus bereits eines der Jungen angeboten hat, will nichts davon wissen. Aber er möchte seinem Freund um keinen Preis eingestehen, daß er sich vor Hunden fürchtet, da er nicht von ihm ausgelacht werden möchte.

»Was soll ich nur tun, damit Klaus öfter mit mir spielen geht, ohne seinen Hund mitzunehmen? Wie schön wäre es, wenn ich keine Angst vor Hunden hätte. Diese dumme Angst geht aber nicht und nicht weg!« denkt Martin eines Abends, besorgt und ein bißchen böse auf sich selbst, vor dem Einschlafen.

In dieser Nacht hat er einen eigenartigen Traum. Er sitzt in einem riesigen Raumschiff und fliegt über reißende Flüsse, über mächtige Gebirge, über weite Täler, dann entfernt er sich immer schneller von der Erde und zieht an unzählbar vielen Sternen vorbei. Einmal ist es heiß, dann wieder bitterkalt, je nachdem, wie weit oder wie nahe er an den Sternen vorbeifliegt. Endlich landet Martin auf einem kleinen Planeten, mitten auf einem Berg. Der Berg ist kahl, kein Baum, kein Strauch sind zu sehen. Die Beine werden ihm ganz schwer, er kann sich kaum fortbewegen. Martin will sein Raumschiff zu Hilfe nehmen, doch – oh Schreck! – es ist verschwunden. »Was soll ich jetzt nur ohne Raumschiff in dieser Kälte machen?« denkt er verzweifelt. Da entdeckt er einen Höhleneingang. Mühsam, mit letzter Kraft kriecht er in die finstere Höhle.

Kaum hat er die Höhle betreten, fühlt er sich schon viel leichter. Trotzdem ist ihm noch nicht ganz behaglich zumute. Da hört Martin plötzlich feine Musik und Stimmengewirr. Es klingt fast so, als würden Mückenschwärme ein Fest veranstalten. Neugierig geht er weiter und gelangt an das Ende der Höhle. Hier strömt ihm strahlendes Sonnenlicht entgegen.

Er braucht einige Zeit, bis er sich an das helle Licht gewöhnt. Grüne Hügel mit saftigen Wiesen tun sich vor seinen Augen auf. »Das ist ja herrlich!« ruft Martin entzückt. »Kein Schnee, keine Kälte, alles warm und friedlich. Doch woher kommt die Musik? Was ist denn das? Da kribbelt und krabbelt es ja im Gras. Aber

Käfer können das keine sein. Diese komischen Kribbelkrabbeldinger schauen aus wie Menschen, nur wunzig-winzig klein!«

Durch Martins Ausruf verstummt sofort die Musik, und diese kribbelnden, krabbelnden, wunzig-winzigen Menschlein rennen davon, um sich zu verstecken. »Habt doch keine Angst. Ich tu euch nichts!« ruft Martin. »Wer seid ihr? Ich möchte gerne euer Freund sein. Kommt, zeigt euch doch!« Nach und nach kommen die kleinen Männchen wieder hervor. Einer, wahrscheinlich der Mutigste unter ihnen, fängt mit zarter Stimme zu sprechen an: »Tust du uns wirklich nichts, so sei als Freund willkommen hier. Du bist im Reich der Wunzigwinzigzwerglein. Wir sind die kleinsten Planetenbewohner, die es gibt. Du hast sicher Hunger. Sei unser Gast, die Wunzigwinzigzwerglein werden dir zu essen geben.«

Da ziehen Hunderte von Wunzigwinzigzwerglein an einem Wunzigwinzigstrick. Am Ende des Wunzigwinzigstrickes hängt ein schöner, roter Apfel. Martin hat wirklich Hunger und freut sich auf den süßen Apfel. Es tun ihm nur die Wunzigwinzigzwerglein leid, weil sie sich seinetwegen so plagen müssen.

»Ja, was ist denn das?« fragt Martin, als plötzlich kleine, wunzige, winzige Tierlein um ihn herumspringen. »Das sind unsere treuesten Freunde und Beschützer. Das sind Wunzigwinzighunde. Sie haben dich gern, also bist du ein gutes Menschenkind«, sagen die Wunzigwinzigzwerge. Die Wunzigwinzighunde wedeln freudig mit ihren Wunzigwinzigschwänzchen und schlecken freundschaftlich mit ihren rosaroten Wunzigwinzigzungen Martins Hand. Martin freundet sich schnell mit den Wunzigwinzighunden an. Er vergißt dabei ganz, daß er sich sonst vor Hunden fürchtet. »Aber das ist ja etwas anderes. Die sind ja soo klein!«

Obwohl es Martin sehr gut bei den Wunzigwinzigzwerglein gefällt und er am liebsten mit ihren niedlichen Wunzigwinzighunden weiterspielen würde, möchte er den Wunzigwinzigzwerglein nicht mehr zur Last fallen und wandert weiter.

Plötzlich steht er vor einer Stadt. Aber es ist eine so kleine Stadt, daß sie sogar in deinem Zimmer gut Platz fände. Da sieht Martin kleine Leutchen herumspazieren. »Die sind zwar schon viel größer als die Wunzigwinzigzwerglein, aber immer noch sehr klein«, denkt Martin. Dann sieht er vor der Stadt ein Schild

»Winzigstadt«. »Da werden wahrscheinlich die Winzigzwerge wohnen«, erkennt Martin richtig.

Da hüpft ein kleines Wollknäuel auf ihn zu. Als Martin näher hinsieht, merkt er, daß es ein winziger Hund ist. Ein kleines, schwarz glänzendes Näschen lugt keck aus dem Wollknäuel hervor, und braune, blinkende Augen leuchten Martin entgegen. »Bist du aber süß!« meint Martin. »Du wirst mich bestimmt nicht beißen.« Martin nimmt den Hund der Winzigzwerge behutsam hoch, um ihn nicht durch eine schnelle Bewegung zu erschrecken, und setzt ihn dann auf seine Hand. Ja, so klein ist der Winzighund, daß er Platz auf Martins Hand hat.

Der Winzighund streckt seine rosa Zunge heraus und beginnt Martin abzuschlecken. Martin muß lachen: »Hör' auf, das kitzelt ja. Hi hi hi, du kitzelst so. Du bist so ein lieber Hund, daß ich dich am liebsten mitnehmen möchte. Bei uns würden sie glauben, du seist ein kleiner Hamster. Leider muß ich dich hierlassen.« Er setzt den Winzighund wieder vorsichtig auf die Erde. Jetzt kommen immer mehr neugierige Winzighunde dazu. Sie beschnuppern das große Menschenkind, ein bißchen vorsichtig und etwas ängstlich sind sie schon dabei. Martin nimmt sich ja auch fast wie ein Riese neben ihnen aus. Er spricht ganz leise und zart mit ihnen, um sie nicht zu erschrecken. Vorsichtig streichelt er sie, dann verabschiedet er sich. Beim Gehen denkt er noch: »Seltsam, die haben Angst vor mir gehabt, und sonst war es doch immer umgekehrt. Oder haben sich vielleicht auch die großen Hunde vor mir gefürchtet, wenn ich so unerwartet auf sie zugegangen bin? Die Winzighunde sind schon größer als die Wunzigwinzighunde, und trotzdem habe ich kein bißchen Angst gehabt.«

Er wandert weiter, Hügel über Hügel. Da hört er plötzlich Gebell. Martin erschrickt sehr und will wie immer ausweichen. Doch es gibt nur einen Weg, und den muß er weitergehen. Da sieht er auch schon in einiger Entfernung einen Hund stehen. Dieser Hund ist schon viel größer als die Wunzigwinzighunde, größer als die Winzighunde, aber kleiner als die Hunde, die bei den Menschen wohnen. Je mehr er sich dem bellenden Hund nähert, desto stärker spürt er, wie er doch wieder ein wenig Angst bekommt. Er geht immer langsamer, und als er fast schon stehenbleiben möchte, stellt er sich seine schöne Reise durch das

Wunzigwinzigland und durch das Winzigland vor und denkt: »Das wäre doch gelacht! Ich hab mich nicht vor den Wunzigwinzighunden gefürchtet, ich hab sogar die Winzighunde gestreichelt, jetzt werde ich mich doch nicht von diesem kleinen Hund erschrecken lassen. Er ist ja auch nicht anders als die Wunzigwinzighunde und als die Winzighunde. Hund bleibt Hund.« Und tapfer geht Martin weiter.

Da ruft ein Männchen, das viel größer als die Wunzigwinzigzwerglein, größer als die Winzigzwerge, aber kleiner als die Menschen ist, den Hund zu sich: »Cäsar, hör auf zu bellen. Jetzt hast du mir ja schon brav gemeldet, daß ein Fremder sich unserer Stadt nähert.« Und zu Martin gewandt sagt er: »Du bist durchs Wunzigwinzigland gewandert, dann vorbei am Winzigland, jetzt sei willkommen im Land der Zwerge. Das ist mein Hund Cäsar. Er ist unser bester Wächter. Wir sind sehr stolz auf ihn. Er ist uns eine große Hilfe. Er ist ein braver Hund, der keinem etwas zuleide tut, wenn er nicht gereizt wird. Da er nicht unsere Sprache spricht, muß er bellen, um uns etwas mitzuteilen. Das Bellen, das dich so erschreckt, ist nichts weiter als die Hundesprache. Willst du heute mein Gast sein?« Martin willigt freudig ein. Er fürchtet sich auch gar nicht mehr vor dem Hund, der ihn nun freundlich anwedelt.

Das Zwergenhaus ist sehr nett eingerichtet. Du kannst es dir sicher gut vorstellen, da es wie das Haus der sieben Zwerge aus dem Märchen Schneewittchen aussieht. Die Zwergenfrau kocht ein herrlich duftendes Essen. Martin bekommt eine besonders große Portion. Ein Stückchen Fleisch hebt Martin auf. Er möchte es Cäsar zum Abschied geben. »Vielen Dank für eure Gastfreundschaft! Ich muß leider weiter, sonst sorgen sich meine Eltern um mich«, wendet sich Martin nach dem Essen zum Gehen. »Vergiß deine Freunde im Zwergenland nicht!« verabschieden sich der Zwerg und die Zwergenfrau, der Zwergenhund bellt dazu. Da spürt Martin ein Kribbeln und Kitzeln unter den Beinen – und siehe da, er sitzt schon wieder im Raumschiff. Er fliegt und fliegt und – Au! – jetzt ist er aus dem Bett gefallen. »Der Traum ist aber schön gewesen! Schade, daß ich nicht wirklich mit den lieben Hunden gespielt habe«, denkt Martin, bevor er wieder einschläft.

Am nächsten Tag trifft er Klaus. »Schau her«, ruft dieser, »ist es nicht süß!« Martin geht näher hin und sieht, daß Klaus ein Hundebaby im Arm hält. Martin denkt an seinen schönen Traum und hat gar keine Angst mehr. Er streichelt das Hundebaby und bittet Klaus sogar, es halten zu dürfen. Das Hundebaby fühlt sich ganz weich an. Mit seinen spitzen kleinen Zähnen will es an Martins Finger knabbern. Das sticht ein bißchen, doch Martin macht das nichts aus.

»Willst du nicht zu mir kommen? Dann siehst du die anderen Hundebabys, die im Körbchen bei ihrer Hundemama liegen«, fragt Klaus. Martin zögert ein wenig: »Jetzt soll ich zu dem großen Hund gehen? Aber was soll's! Der Hund wird auch nicht anders sein als die Wunzigwinzighunde, als die Winzighunde, als der Zwergenhund und als das Hundebaby. Eben nur viel größer. Gut, ich gehe mit.« Und wirklich, als er bei den Hunden angelangt ist, hat er fast keine Angst mehr. Er bewundert die Hundebabys noch aus einiger Entfernung. Ganz sicher fühlt er sich noch nicht vor dem großen Hund, aber sein Freund merkt nichts davon.

»Bestimmt werde ich auch das letzte bißchen Angst vor Hunden verlieren. Ich muß sie ja nicht unbedingt anfassen. Das soll man fremde Hunde auch gar nicht. Jedenfalls brauch' ich nicht mehr wegen meiner Furcht vor Hunden auf einen Besuch bei Klaus zu verzichten«, denkt Martin zufrieden.

Hast du vielleicht auch ein bißchen Angst vor Hunden? Dann mach es wie Martin, du bist sicher genauso tapfer wie er. Stell dir vor, wie deine putzigen Wunzigwinzighunde und Winzighunde aussehen. Und immer, wenn du Angst hast, denkst du ganz fest an sie. Du wirst sehen, deine Angst wird so klein wie deine Traumhunde.

Was Eltern dazu wissen müssen

Solche und ähnliche Ängste können durch einen Schock, durch massive negative Erfahrungen oder durch die Ängstlichkeit einer Bezugsperson, die als Modell wirkt, ausgelöst werden. In unserer Geschichte hat Martin einen kleinen Schock erlitten, der bald vergangen wäre, hätte die Großmutter nichts weiter getan, als mit ruhiger, sicherer Stimme die Situation wiederzugeben und sein Gefühl anzusprechen: »Jetzt bist du aber sehr erschrocken. Die Kratzer auf der Hand sind unangenehm und brennen wahrscheinlich. Zu Hause gebe ich dir ein Pflaster drauf, wenn dich die Kratzer dann noch stören. Weißt du, der Hund ist auch erschrocken.«

Dieses unangenehme Erlebnis wird kein Kind so schnell vergessen und daher beim Anblick des nächsten Hundes automatisch eine Abwehr- oder Angstreaktion zeigen. Es wäre falsch, in diesem Fall verbal darauf zu reagieren. Geben Sie ihm dennoch deutlich zu verstehen (durch festes Handhalten zum Beispiel), daß es nicht allein ist und ihm nichts geschehen kann. Sofort nachdem Sie an dem Hund vorbeigegangen sind, beruhigen Sie das Kind: »Du warst jetzt sehr tapfer. Du hast dich anfangs gefürchtet, weil du dich an den anderen Hund erinnert hast. Aber du siehst, wenn man einen Hund in Ruhe läßt, tut er nichts.«

Etwas komplizierter liegt der Fall, wenn das Kind bereits eine Hundeangst ausgebildet hat. Durchaus praktizierbar ist die im Märchen beschriebene Methode: Statt eines Wunzigwinzighundes können Sie dem Kind vor der Konfrontation mit einem lebendigen Hund zum Beispiel das Bild eines kleinen Hundes aus einiger Entfernung zeigen. Das Kind soll nun Schritt für Schritt immer näher an das Bild herangehen. Jeden Schritt sollten Sie lobend bestärken. Wird das Kind jedoch ängstlich, so soll es einen Schritt zurückgehen. Sie wiederholen diesen Vorgang so lange, bis das Kind das Bild ohne Scheu angreifen kann. In der Folge verwenden Sie die Bilder immer größerer Hunde. Dieselbe schrittweise Annäherung versuchen Sie schließlich mit einem Stoffhund oder einem aufziehbaren Spielzeughund, der sich bewegt und bellen kann. Bei jeder Annäherung ermuntern Sie das Kind und loben es entsprechend.

Der nächste Übungsschritt, bei schwächer ausgeprägter Hundeangst kann es auch die erste Übung sein, besteht darin, mit dem Kind in eine Tierhandlung zu gehen, in der Welpen verkauft werden. Auch dort soll das Kind versuchen, sich schrittweise den Welpen zu nähern, bis es ihm nichts mehr ausmacht, sie zu berühren.

Bevor Sie das Kind auf dieselbe Weise mit großen Hunden konfrontieren, sollten Sie mit ihm nochmals über die bereits erzielten Erfolge sprechen. Als Hilfsmittel bieten Sie dem Kind an, fest an die Geschichte mit Martin und den Wunzigwinzighunden zu denken. Sie können auch während der Übungssituation die Geschichte nochmals erzählen. Die Übungen werden so oft wiederholt, bis das Kind bereits sicher, ohne ängstlich zu reagieren, an großen Hunden vorbeigehen kann.

Ein ähnlich gestaltetes Programm setzt man auch bei der Behandlung anderer Ängste ein. Vergessen Sie aber nicht, vor dem Einsatz jedweden Trainings die Ursachen der Angst abzuklären!

Wenn Ihr Kind Angst vor dem Zahnarzt hat

»Die Meerjungfrau«

Es war einmal eine kleine Meerjungfrau. Sie lebte tief unten am Meeresgrund in einem herrlichen Korallenpalast mit einem großen Alpengarten. Die Meerestiere liebten sie sehr, da sie eine gute Meerjungfrau war, die allen half und niemandem etwas zuleide tat.

Nun denkst du vielleicht, daß sie eine fröhliche Meerjungfrau war, da sie so viele Freunde hatte und in einem so schönen Palast wohnte. Leider nicht. Sie war eine sehr unzufriedene Meerjungfrau, denn sie wollte gar keine Meerjungfrau sein. Ihr sehnlichster Wunsch war, ein Menschenkind zu werden. Sie sehnte sich so danach, daß man ihr Seufzen weit über das Meer hören konnte. Alle Meerestiere hatten mit ihr Erbarmen. Der Tintenfisch, der Seeigel, die Qualle, der große Wal, die klugen Delphine, ja sogar der gefräßige Hai, alle wollten, daß ihr geholfen werde.

Als die Meerjungfrau wieder einmal so herzerweichend seufzte, erschien plötzlich der Bote einer guten Fee und sprach: »Drei Wünsche werden dir erfüllt. Überleg sie dir gut, denn keinen kannst du mehr zurücknehmen.« »Ich brauch' nicht lange zu überlegen! Sehne ich mich doch schon seit Jahren danach, ein Menschenkind zu werden. Hier also mein erster Wunsch: Ich will zwei Beine haben und ein richtiges Menschenkind werden. Mein zweiter Wunsch: Ich möchte weit weg vom Meer leben, damit ich nicht Sehnsucht bekomme, wieder am Meeresgrund zu leben. Mein letzter Wunsch: Die Menschen mögen mich so liebhaben wie hier die Meerestiere.«

»Die Wünsche seien dir erfüllt. Doch hättest du dir Gesundheit wünschen sollen. Gesundheit ist das höchste Gut auf Erden. Aber trotzdem wünsche ich dir viel Glück! Sei ein so guter Mensch, wie du eine gute Meerjungfrau gewesen bist!« Der Bote verschwand.

Da gab es plötzlich einen schrecklichen Lärm, ein Sausen und ein Brausen, ein Zischen und ein Grollen. Alles wurde finster. Die Meerjungfrau konnte sich nicht einmal mehr von ihren Freunden, den Meerestieren, verabschieden, schon saß sie in einem kleinen Häuschen am Rande einer Stadt. »Wie herrlich ist das alles!« rief sie aus. »Und wie schnell sich der Wunsch erfüllt hat. Wie schön ist es, ein Mensch zu sein!« Da sie sehr klug war, lernte sie schnell die Sitten und Gebräuche der Menschen. Und so erfüllte sich bald auch der dritte Wunsch. Das schöne, fremde Mädchen war bei allen beliebt, und täglich kamen Freunde zu Besuch.

Eines Abends hatte die Meerjungfrau starke Schmerzen. Es waren Zahnschmerzen. Noch nie zuvor hatte der Meerjungfrau etwas weh getan. Sie war ganz verzweifelt: »Oh, wär' ich doch eine Meerjungfrau geblieben! Au weh, au weh! Mensch sein ist ja ganz schön, aber nur wenn man gesund ist. Au weh, au weh! Au weh, au weh! Oh, wär' ich doch noch im Meer! Oh, wär' ich doch eine Meerjungfrau geblieben!« Erschöpft schlief sie ein.

Am nächsten Morgen waren die Schmerzen vergangen. Die Meerjungfrau erzählte ihrer Freundin Christine, wie weh ihr der Zahn letzten Abend getan hatte. »Du mußt zum Zahnarzt gehen! Auch wenn dir dein Zahn heute nicht mehr weh tut. Sonst bekommst du später noch schrecklichere Schmerzen«, riet ihr Christine. »Was?! Ich soll zum Zahnarzt gehen?! Das traue ich mich nie!« erwiderte bleich die Meerjungfrau. »Außerdem weiß ich gar nicht, wie das ist beim Zahnarzt.«

Natürlich konnte sie sich das nicht vorstellen, da sie ja als Meerjungfrau nie einen Zahnarzt gebraucht hatte.

»Weißt du was? Wir spielen ganz einfach Zahnarzt!« schlug Christine vor. »So gewöhnst du dich an die Vorstellung, vom Zahnarzt behandelt zu werden. Und damit wirst du auch deine große Angst verlieren. Was einem vertraut geworden ist, kommt einem nicht mehr so schrecklich vor. Also, wir spielen jetzt alles so, wie es in Wirklichkeit ist.«

»Ich hab' schon Angst, wenn ich nur daran denke, daß ich mich auf den Weg zum Zahnarzt machen soll. Daß ich dann sogar in dem Zahnarztsessel sitzen soll und den Mund aufmachen muß... Oh, nein, oh, nein! Ich will wieder ins Meer! Oh, wär' ich doch eine Meerjungfrau geblieben!«

»Bist du aber feig! Na ja, ich bin auch ein bißchen aufgeregt, wenn ich zur Zahnbehandlung muß. Angenehm ist es sicher nicht. Doch ist es auch nicht so fürchterlich, daß man sich so ängstigen muß wie du. Komm, fangen wir das Zahnarztspiel an! Setz dich in diesen bequemen Lehnstuhl und denk an etwas ganz Schönes. Zum Beispiel an ein Spiel, das du besonders lustig findest, oder denk an Menschen, die du gerne hast.« »Ja, das gefällt mir! Ich denk' mir ganz lustige Dinge aus«, freute sich die Meerjungfrau. »So, jetzt stell dir vor, daß wir uns auf den Weg zum Zahnarzt machen. Wenn du Angst bekommst, schau mich an und versuche dann sofort wieder, an deine lustigen Dinge zu denken.« »Brrr«, schüttelte sich die Meerjungfrau. »Diese Vorstellung gefällt mir gar nicht!« Die Freundin lachte: »Du wirst dich schon noch daran gewöhnen. Komm, probieren wir es noch einmal!« Jetzt fiel es der Meerjungfrau schon etwas leichter, an einen Zahnarztbesuch zu denken. Und beim dritten Mal machte es ihr schon gar nichts mehr aus.

Die nächsten Vorstellungen – beim Zahnarzt läuten, das Wartezimmer betreten, in den Behandlungsraum gehen, sich in den Zahnarztsessel setzen – bereiteten der Meerjungfrau auch keine Schwierigkeiten mehr.

»Jetzt mach den Mund auf. Ich mache das Geräusch des Bohrers nach.« »Au weh!« schrie die Meerjungfrau und öffnete angstvoll die Augen. »Denk dir, das wäre das Summen vieler Fliegen oder das Brummen eines Motorrades. Dann wirkt das Geräusch nicht mehr so unangenehm. Also, die Fliegen kommen angeflogen. Bravo! Du hast dich bis jetzt ja sehr gut gehalten!«

Ein bißchen unheimlich war das komische Spiel für die Meerjungfrau schon noch. Aber nachdem sie es einige Male durchgespielt hatten, fand sie den Gedanken, daß ein Motorrad in ihren Mund hineinfahren sollte, beinahe lustig.

»So, jetzt geht es weiter mit unserem Zahnarztspiel«, sagte Christine. »Ein bißchen weh kann es beim Zahnarzt schon manchmal tun, das ist klar. Aber die Zahnschmerzen, die du gestern gehabt hast, sind viel, viel ärger. Jetzt brummt das Motorrad auf deinem Zahn herum. Nur ein bißchen, dann ist es vorbei. Bravo! Bravo! Du bist sehr tapfer! Weißt du was? Heute nachmittag muß ich zum Zahnarzt gehen. Da kannst du gleich mitgehen und dir alles anschauen, bevor du zur Behandlung mußt.«

So gingen beide Freundinnen zum Zahnarzt. Die Assistentin öffnete, fragte nach dem Namen, und die beiden mußten im Wartezimmer Platz nehmen. Die Meerjungfrau schaute sich alles genau an und dachte: »Merkwürdig, so schrecklich ist das gar nicht! Da liegen sogar bunte Zeitschriften.« Sie nahm eine Zeitschrift und betrachtete die interessanten Bilder. Sie vergaß dabei ganz, daß sie sich beim Zahnarzt befand.

Da öffnete sich die Tür, und die Frau Doktor rief den Namen ihrer Freundin. Christine bat die Zahnärztin, ob die Meerjungfrau ausnahmsweise zusehen dürfe. So ging die Meerjungfrau mit in den Behandlungsraum. Es standen viele Geräte herum, und in der Mitte befand sich der Zahnarztsessel. Die Freundin setzte sich hinein und öffnete ganz weit den Mund. Die Ärztin klopfte Zahn für Zahn ab. »Da haben wir ja den Übeltäter!« scherzte sie und nahm den Bohrer zur Hand. Die Assistentin hängte ein gebogenes Rohr in Christines Mund. »Das ist ein Speichelabsauger«, erklärte sie der Meerjungfrau. Das Geräusch des Bohrers war wirklich unangenehm. Doch da mußte die Meerjungfrau an ihr Zahnarztspiel denken und lächelte. Christine verzog bei der Behandlung zwar das Gesicht, aber bevor das Bohren so richtig weh tun konnte, war es schon wieder vorbei. Eine silbergraue Paste wurde in den Zahn gedrückt. »Ausspülen und zwei Stunden nichts beißen! Auf Wiedersehen!« sagte die Ärztin.

»Das ist aber schnell gegangen!« seufzte Christine erleichtert. »Es ist zwar nicht gerade lustig beim Zahnarzt, aber Angst braucht man auch keine zu haben.« »Trotzdem, bevor ich dorthin gehen muß, möchte ich noch einmal zu Hause das Zahnarztspiel mit dir spielen«, meinte die Meerjungfrau.

Und als sie dann wirklich zur Behandlung ging, dachte sie fest an das Spiel und stellte sich viele heitere Dinge vor. So fiel es ihr gar nicht so schwer, tapfer zu sein.

Da sie keine Zahnschmerzen mehr hatte, freute sich die Meerjungfrau auch wieder, ein Menschenkind zu sein.

Was Eltern dazu wissen müssen

Sie können von vornherein vermeiden, daß das Kind Angst vor dem Arztbesuch bekommt, wenn Sie es bei Routinebehandlungen (nicht bei schmerzhaften Behandlungen) mitnehmen. Das Kind soll, bevor er selbst einmal behandelt wird, daran gewöhnt sein, eine Arztpraxis zu betreten. Man kann dem Kind dadurch zeigen, daß es zwar keine angenehme, jedoch eine durchaus normale Sache ist, die zum täglichen Leben gehört. Zeigt das Kind ein wenig Scheu, aber noch keine ausgeprägte Angst vor dem Zahnarztbesuch, dürfen Sie nicht den Fehler begehen, es durch ständiges beruhigendes Zureden zu verunsichern. Das Kind registriert dann intuitiv, daß der Zahnarztbesuch sogar für Erwachsene eine unangenehme Sache ist, und wird spätestens zu diesem Zeitpunkt ängstlich. Sprechen Sie ruhig und offen mit ihm, wenn es erste Anzeichen von Furcht zeigt: »Du hast recht, es ist unangenehm, zum Zahnarzt zu gehen. Wenn man sich ein wenig fürchtet, ist man deshalb noch kein Feigling. Ich bleibe in deiner Nähe, und wir schauen einander fest an, das hilft. Wenn die Behandlung vorüber ist – und du wirst sehen, es geht schneller als du denkst – gehen wir gemeinsam eine Überraschung aussuchen.« Die Angst des Kindes wird dadurch als Gegebenheit akzeptiert, die Situation jedoch nicht überbewertet. Man bietet dem Kind Unterstützung an und lenkt seine Gedanken auf angenehme Dinge.

Ist die Angst bereits stärker ausgeprägt (durch schlechte Erfahrung oder wenn es sich um ein besonders ängstliches Kind handelt), erfordert die Angstbewältigung allerdings etwas mehr Zeit und Geduld. Je vertrauter dem Kind eine Sache ist, desto weniger angsterregend wirkt sie. Das »Zahnarztspiel« beruht genau auf diesem Prinzip. Durch schrittweises Vertrautmachen mit der bestimmten Situation in relativ entspanntem Zustand lernt das Kind, seine Angst zu bewältigen. Es wird, wie bei einem Film, bei dem man Szene für Szene stoppt, das gesamte Geschehen des Zahnarztbesuches in kleine Schritte aufgeteilt. Man beginnt mit dem Schritt, der für das Kind der einfachste und unbelastendste ist. Die erste Szene könnte zum Beispiel das Anziehen sein. Das Kind stellt sich vor, es ziehe sich an, um zum Zahnarzt zu gehen. Erregt diese Vorstellung keine Furcht mehr, wird das Spiel noch zweimal wiederholt, bis dann der zweite, um eine Spur schwierigere Schritt auf dieselbe Art gedanklich durchgespielt wird. Auf diese Weise erklimmt man Stufe für Stufe und lobt das Kind für jeden Fortschritt, um es zu bestärken und zum Weiterüben zu motivieren.

Als letzten Schritt kann man das Kind schließlich als Begleitperson zum Zahnarzt mitnehmen. Die Angst sollte es bis dahin weitgehend abgebaut haben.

Wenn Ihr Kind trödelt

»Das Strahlenkindchen«

Michaela ist ein liebes und freundliches Kind. Die Mutter wäre ja mit ihr ganz zufrieden, wenn sie nur nicht immer so trödeln würde.

»Michaela, komm, zieh dich an!« ruft die Mutter ungeduldig. »Wir müssen gehen.« Michaela steht langsam auf. Auf dem Weg zum Vorzimmer fällt ihr noch so allerhand ein. Zum Beispiel, daß sie ein Stofftier oder eine Puppe mitnehmen könnte. »Aber welche? Die Susi-Puppe oder das Schlummerle? Nein, am besten den zotteligen Stoffhund. Oder doch nicht? Vielleicht das kleine Äffchen? Oder ein Auto? Das könnte ich in die Manteltasche stecken.« »Michaela, beeil dich!« mahnt die Mutter. Michaela entscheidet sich für den Puppenkoffer. »Jetzt zieh dich doch schon endlich an! Was trödelst du andauernd herum?« macht sich die Mutter bereits sehr ungeduldig bemerkbar.

Das Anziehen geht auch nicht ohne ständiges Ermahnen der Mutter ab. Da sie es sehr eilig hat, verliert sie die Geduld und zieht Michaela selber fertig an. »Nicht einmal anziehen kannst du dich allein!« meint sie ärgerlich. Obwohl es Michaela stört, daß sich die Mutter ärgert, ist es ihr doch sehr angenehm, von ihr angezogen zu werden.

Beim Mittagessen ist es nicht viel anders. »Michaela, du sollst essen, nicht in die Luft schauen! Stochere nicht herum, sondern iß anständig. Sei doch nicht immer so langsam! Wir sind schon längst mit dem Essen fertig. Wir warten nur noch auf dich. Jetzt ist dein Fleisch ganz kalt geworden, nur weil du so eine Trödeltante bist«, redet die Mutter auf Michaela ein und schiebt ihr hastig die letzten Bissen in den Mund. »Sogar füttern muß man das große Mädchen, wie ihre kleine Schwester!« spöttelt der Vater. Doch für Michaela ist es eigentlich gar nicht so schlecht, nicht immer die Große sein zu müssen und sich manchmal wie ein Baby füttern zu lassen.

Eines Tages geht Michaela in den Park. Sie setzt sich auf eine Bank und schaut hinauf zur Sonne. In diesem Augenblick schickt die Sonne eines ihrer unendlich vielen Strahlenkinder zu Michaela hinunter. Es läßt sich genau auf Michaelas Nase nieder.

»Haptschi! Was kitzelt mich denn da?« wundert sich Michaela. Und plötzlich hört sie ein feines Stimmchen: »Ich bin ein Strahlenkind und möchte gerne mit dir spielen.«

»Fein«, sagt Michaela, »aber – Haptschi! – spring nicht so auf meiner Nase herum, ich bin sehr kitzlig!«

»Komm, springen wir über die Wiese. Lauf mir nach!« ruft das Strahlenkind, und schon hüpft es von Michaelas Nase auf einen Fliederbusch. Vom Fliederbusch auf ein Gänseblümchen, vom Gänseblümchen auf einen Kastanienbaum und dort von Ast zu Ast. Michaela hat Mühe, dem Strahlenkind zu folgen, so flink springt es herum. Das Spiel ist sehr lustig, und sie merken gar nicht, wie schnell die Zeit vergeht.

»Wir müssen Schluß machen. Ich muß zurück zur Sonne«, bedauert das Strahlenkind. »Ach bitte, bleib noch ein bißchen bei mir!« bettelt Michaela. »Schau, dort sitzt der langweilige Thomas. Kitzle ihn einmal.«

Das Strahlenkind hüpft von Thomas' Nase auf sein Ohr, dann auf seine Wange, und zuletzt tanzt es wiederum auf seiner Nasenspitze herum. Thomas meint, es sei eine freche Fliege und klatscht sich mit der Hand auf die Nase. »Au weh!« schreit er, und Michaela muß lachen.

Während das Strahlenkind und Michaela noch einige Streiche aushecken, verschwindet bereits die Sonne hinter den Häusern, und der Mond kommt hervor.

»Oh, Schreck!« ruft das Strahlenkind. »Nun kann ich nicht mehr zur Sonne zurück. Was soll ich tun? Wo werde ich bleiben?« »Macht doch nichts!« meint Michaela. »Du kommst ganz einfach mit mir nach Hause.«

Michaelas Mutter hat sich schon Sorgen gemacht. Als Michaela endlich nach Hause kommt, schimpft die Mutter mit ihr. Das Strahlenkind kann gerade noch unbemerkt in Michaelas Zimmer huschen. Es darf ja nicht entdeckt werden.

An diesem Abend beeilt sich Michaela besonders, um schnell bei ihrem Freund, dem Strahlenkind, sein zu können. Die Mutter denkt, daß es das schlechte Gewissen wegen des Zuspätkommens ist, das Michaela so zur Eile antreibt.

Als Michaela endlich in ihr Zimmer kommt, erschrickt sie

sehr: »Ja, was ist denn da passiert?! Mein neues Kopfkissen mit dem schönen Blumenmuster hat einen großen, häßlichen Brandfleck. Und da! Das Fell des Teddys ist ganz versengt! Die kleine Puppenbadewanne ist fast zerschmolzen! In das Märchenbuch ist ein Loch gebrannt!« Ganz zerknirscht schleicht das Strahlenkind aus seinem Versteck: »Entschuldige bitte! Aber wenn ich längere Zeit an derselben Stelle verweile, wird es zuerst warm, dann immer wärmer, bis es ganz, ganz heiß wird. Und so kann es geschehen, daß ich etwas verbrenne. Im Park bin ich so viel herumgesprungen, und jetzt bin ich müde. Ich muß mich ausruhen. Aber wo? Ach, ich will nicht mehr hier bleiben! Noch nie habe ich mich vertrödelt. Ich hätte nicht so lange mit dir spielen dürfen! Ich will nach Hause! Ich will zurück zur Sonne und zu den anderen Strahlenkindern!« Das Strahlenkind fängt bitterlich zu weinen an.

Michaela hat Mitleid, und sie fühlt sich auch ein wenig schuldig. Da hat sie eine Idee: »Der Ofen! Ja, im Ofen kannst du schlafen, ohne Unheil anzurichten!« »Was? Ich soll in diesen finsteren Ofen kriechen?« ruft das Strahlenkind verzweifelt. »Bitte, du mußt das tun! Es ist ja nur für diese Nacht. Morgen, ganz zeitig, kannst du wieder zu den anderen Strahlenkindern in den Park gehen. Schlüpf geschwind hinein!« bettelt Michaela. Und so geschieht es dann auch.

Am nächsten Morgen, als Michaela erwacht, ist das Strahlenkind schon fort. Michaela beeilt sich mit dem Waschen, dem Anziehen und dem Frühstücken. Sie hat Angst, die Mutter könnte die Brandflecken bemerken. Doch die Mutter ist so überrascht, ein flinkes Mädchen vorzufinden, daß sie gar nicht darauf achtet. Das tut Michaela wohl. Sie vergißt ihre Sorgen und fühlt sich glücklich, daß ihre Mutter sie so lobt.

Beinahe hätte Michaela das Strahlenkind vergessen. Doch auf dem Weg zur Schule, als sie am Park vorbeigeht, taucht das Strahlenkind plötzlich wieder auf: »Damit du mir nicht böse bist, daß ich in deinem Zimmer Schaden angerichtet habe, und damit du immer an unser Erlebnis denkst, gebe ich dir ein Geschenk. Dieses Geschenk wird dir auch helfen, dich nie mehr zu vertrödeln. Es ist eine Strahlenspieluhr. Sie ist nur für dich zu sehen, anderen Menschen bleibt sie verborgen. Immer wenn du dich beeilst, wird die Strahlenspieluhr aufblinken, und wenn du schnell fertig bist, wird sie hell erstrahlen und zart erklingen. Nun leb wohl, auf Wiedersehen! Ich muß weiter.«

»Auf Wiedersehen, liebes Strahlenkind!« ruft Michaela. »Vielen Dank! Ich bin sicher, daß mir deine Strahlenspieluhr helfen wird!«

Lang noch winkt Michaela dem Strahlenkind nach. Doch dann läuft sie eilig zur Schule. Sie will ja nicht zu spät kommen.

Zu Hause möchte Michaela ihr Geschenk gleich ausprobieren. Nachdem sie beim Mittagessen den ersten Bissen gut zerkaut und schnell hinuntergeschluckt hat, nimmt sie auch schon flott den nächsten in den Mund.

Und wirklich, die Strahlenspieluhr blinkt ihr zu. Michaela wird fast so schnell fertig wie ihre Eltern. Da strahlt die Uhr hell auf und spielt eine herrliche Melodie. Michaela ist begeistert.

Die Eltern bemerken die unsichtbare Strahlenspieluhr zwar nicht, aber sie freuen sich sehr, daß Michaela nun nicht mehr trödelt.

Am Abend will die Mutter, wie gewohnt, Michaela ermahnen, sich zu beeilen, nicht herumzutrödeln und endlich ins Bett zu gehen. »Ja, wo ist denn Michaela?« fragt sie den Vater erstaunt.

»Hier bin ich!« ruft Michaela fröhlich. »Ich liege schon im Bett!«

»Waas?! Bist du aber ein tüchtiges Mädchen geworden!« staunen die Eltern. »Da bleibt uns ja heute noch genügend Zeit, um dir eine extra lange Geschichte vorzulesen.«

Michaela ist glücklich. Sie drückt ihre Strahlenspieluhr fest an sich und dankt dem Strahlenkind in Gedanken noch einmal für das schöne Geschenk.

Was Eltern dazu wissen müssen

Kinder entwickeln dieses für die Eltern oft nervenaufreibende Verhalten meist während des dritten Lebensjahres. Das Kind ist noch nicht flexibel in seinem Denken, es kann daher nicht so schnell von einem Gedankeninhalt zum anderen beziehungsweise von einer Handlung zur anderen überwechseln.

Wenn die Eltern nicht verstehen, auf dieses vorerst entwicklungsbestimmte Verhalten entsprechend einzugehen, wird sich das Kind das Trödeln angewöhnen. Sie überfordern es, wenn sie in dieser Entwicklungsphase von ihm verlangen, die gerade durchgeführte Tätigkeit plötzlich zu unterbrechen und sich sofort auf den Wunsch des Erwachsenen einzustellen. Da das Kind nur dementsprechend langsam reagieren kann, begehen die Eltern meist durch Ungeduld den nächsten Fehler: Sie reden auf das Kind ein, kritisieren seine Langsamkeit, wollen es anspornen, sich zu beeilen. Viele Eltern erliegen wieder einmal dem Irrtum, daß sie durch diese Art von Zuwendung das unerwünschte Verhalten des Kindes ändern könnten. Tatsächlich erreichen sie genau das Gegenteil. Der größte Fehler ist jedoch, dem Kind aus Nervosität alle Arbeiten abzunehmen. Die Kritik »Nicht einmal anziehen kannst du dich alleine!« oder »Sogar füttern muß man das große Mädchen!« ist vollkommen wertlos, da man das Kind ja bereits mit dieser falschen Hilfestellung belohnt hat.

Das Trainingsprogramm zur Beseitigung des Trödelverhaltens beginnt mit der Analyse des »Ist-Zustandes«:
- Wie lange braucht das Kind normalerweise für gewisse Tätigkeiten wie Essen oder Anziehen?
- Wie äußert sich das Trödelverhalten (steht das Kind während des Essens auf, schaut es in die Luft, beschäftigt es sich mit anderen Dingen...)?
- Wie reagieren Sie auf dieses Verhalten (mit Ermahnen, gutem Zureden, Kritik, Hilfestellung...)?

Nun wird der »Soll-Zustand« festgelegt, das erwünschte Verhalten genau definiert, wobei die Fähigkeiten und Möglichkeiten des Kindes berücksichtigt werden müssen. In unserem Programm wird das Kind schrittweise vom »Ist-Zustand« zum »Soll-Zustand« geführt.

Das Kind muß dabei vor jeder Situation genau über die einzelnen Schritte informiert werden. Das Programm selbst wird als Spiel erklärt und das Kind entsprechend motiviert, an diesem Spiel teilzunehmen.

Der erste Schritt des Trainings könnte so aussehen: Mit Hilfe eines Kurzzeitweckers oder einer Eieruhr stellen Sie die aus dem »Ist-Zustand« gewonnene Basiszeit ein und erklären dem Kind: »Schau, normalerweise hast du so lange gebraucht. Ich bin wirklich neugierig, ob es dir mit unserer Hilfe gelingen wird, vor dem Klingeln des Weckers fertig zu werden. Du hast genügend Zeit, du brauchst nur etwas flotter zu sein, mußt dich aber nicht hetzen. Ich schau' zwischendurch immer nach und werde ›Bravo‹

rufen, wenn du schon ein Stück weitergekommen bist. Falls du nicht vorankommst, schaue ich gleich wieder weg und sag' gar nichts. Ich freue mich schon auf unser Spiel, denn ich bin sicher, daß es dir Spaß machen wird und ich dich oft loben kann. Wir machen das genauso wie in der Geschichte: Meine Bravorufe ersetzen das Blinken der Strahlenspieluhr.«

Für den nächsten Schritt (etwas kürzere Zeit einstellen), gibt man ähnliche Instruktionen. Die Zeit, die Sie auf der Uhr einstellen, verkürzen Sie, nachdem das Kind den vorangegangenen Schritt sicher beherrscht, bei jedem neuen Trainingsschritt um einige Minuten, und das so oft, bis das Kind ohne Schwierigkeiten die erwünschte Zeit erreicht hat. Jede Annäherung – und sei sie auch noch so gering – muß entsprechend beachtet und gelobt werden (Trödeln bleibt unbeachtet!). Nach Abschluß jeder Handlung sollten Sie dem Kind deutlich Ihre Freude über das Gelingen zeigen. Führen Sie das Programm so lange durch, bis sich das Kind das Trödeln abgewöhnt hat.

Wenn Ihr Kind unordentlich ist

»Vera im Durcheinanderland«

Die Jacke liegt zerknüllt auf dem Sessel, der Turnbeutel am Boden, die Schuhe sind im Vorzimmer verstreut, die Spielsachen kullern teils im Bett, teils im Wohnzimmer, ja sogar in der Küche herum.

»Jetzt mach endlich Ordnung!« fordert die Mutter sie verärgert auf. »Räum alles weg! Man stolpert ja schon über all die Sachen, die du herumliegen läßt! Ich hab' doch wirklich schon genug Arbeit. Das geht nicht so weiter mit dieser Unordnung. Wie oft muß ich dir das noch sagen?! Nimm doch Rücksicht!«

Vera versteht nicht, was die Mutter meint. Sie findet Aufräumen dumm und unnötig. »Wozu die Sachen wegräumen, wenn ich sie ohnehin vielleicht bald wieder brauche? Das macht doch keinen Spaß!« denkt sie mißmutig. »Ich hab' keine Lust aufzuräumen. Es gibt viel wichtigere Dinge zu tun. Ich will nicht ordentlich sein!« Wenn es der Mutter zu bunt wird, räumt sie meistens selbst Veras Spielsachen weg.

Eines Tages, Vera will wieder einmal nicht Ordnung machen, geschieht etwas Sonderbares.

Vera hört ein Kichern. »Hi, hi, hi! Da denkt jemand wie wir! Du paßt zu uns! Komm mit in unser Durcheinanderland, wo alles unordentlich ist«, ruft da vergnügt ein kleiner zerzauster Schlamper. Die Schlamper sind die unordentlichsten Erdenbewohner. Sie wohnen im Durcheinanderland, das so gut versteckt liegt, daß es kein Zug, kein Schiff erreicht, ja nicht einmal ein Flugzeug es findet.

Vera ist sofort an dem Vorschlag des Schlampers interessiert. »Wirklich? Du willst mich in euer Durcheinanderland mitnehmen? Ist es wahr, daß man dort keine Ordnung halten braucht, nichts wegräumen muß, alles liegen lassen darf, wo man will?« »Natürlich!« antwortet der Schlamper stolz. »Komm mit, dann kannst du es selber sehen!« Vera überlegt nicht lange, sie ist schon sehr neugierig, das Durcheinanderland kennenzulernen. Noch schneller als der Wind sausen die beiden in das Land der Schlamper.

Im Durcheinanderland gibt es keine Blumen auf den Wiesen, keine Kinderspielplätze, nicht einmal Verkehrsampeln. Auf den Wiesen liegen nur leere Blechdosen, statt Kinderspielplätzen sieht man ein paar schmutzige Erdhaufen mit zerbrochenem Spielzeug. Die Verkehrsampeln sind sowieso nicht notwendig, da die Autos kreuz und quer fahren.

»Hoppla!« rief der Schlamper. »Paß auf! Du mußt schon schauen, wo du hinsteigst.« Vera bemerkt, daß mitten auf den Gehsteigen altes Gerümpel herumliegt. Die Leute brauchen diese Dinge nicht mehr und räumen sie auch nicht weg. Sie lassen sie ganz einfach irgendwo stehen.

»So, da ist meine Wohnung«, sagt der Schlamper. Vera betritt das Haus und – bums – schon liegt sie auf der Nase: »Au weh! Was war dann das?« Sie ist über einen Kochtopf mit Erbsen gestolpert, der auf der Stiege stand. Die Erbsen kollern hinunter, genau vor Schlampers Füße. Er tritt darauf und zerquetscht die Erbsen. »Macht nichts«, sagt er, »essen wir eben ein Erbsenpüree. Hilf mir bitte und hole Teller aus der Küche.« Vera öffnet den Küchenschrank. Doch statt der Teller entdeckt sie einen braunen Schuh, eine Unterhose, eine leere Zahnpastatube und einen Teddybären mit abgerissenem Kopf.

»Pfui! So eine furchtbare Unordnung!« denkt Vera. Da sie aber selbst nicht gerne aufräumt, sagt sie lieber nichts und sucht weiter nach den Tellern. Endlich! In der Badewanne liegen neben Spielkarten, zerknitterten Heften und einigen Spielzeugautos auch noch zwei unabgewaschene Teller. »So kann ich nicht essen. Mich ekelt ja vor dieser Unordnung!« Und flink räumt Vera die Badewanne aus, wäscht die Teller und – ja wohin soll sie nun die Teller stellen? Der Eßtisch ist voll mit Buntstiften, Zeichenblättern, Kaugummipapieren, und an einigen Teilen eines kaputten Puzzlespiels kleben abgelutschte Bonbons. Ohne viel zu überlegen, bringt Vera auch schnell den Tisch in Ordnung.

»He! Was machst du denn da? Weißt du denn nicht, daß man im Durcheinanderland nicht Ordnung halten muß? Ich dachte, dir gefiele das, da du selbst nie gerne deine Sachen wegräumst«, meint der Schlamper erstaunt. Verlegen bemerkt Vera: »Das schon! Aber so eine Unordnung gefällt mir nicht! Meine Eltern haben immer alles schön aufgeräumt. Nur ich wollte meine Sachen nicht auf ihren Platz stellen. Meistens haben es dann ohnehin meine Eltern für mich getan. Ich war nur zu bequem dazu.

Doch bei dir hier findet man vor lauter Unordnung gar nichts, und alles sieht so schmutzig aus.« »Unsinn!« ärgert sich der Schlamper, »Ordnung machen ist und bleibt dumm. Man kann sich die Zeit mit viel lustigeren Dingen vertreiben. Jetzt essen wir rasch, und dann spielen wir endlich.«

Vera vergißt schnell wieder ihre fast neu erworbene Ordnungsliebe. »Ja, du hast recht. Verlieren wir nicht unnötig Zeit mit dem Aufräumen. Was spielen wir?« »Ich habe viele Puppenhäuser, aus denen wir eine Stadt bauen können, sogar mit Straßen, wo wir dann meine Autos durchfahren lassen«, schlägt der Schlamper vor. »Nanu? Wo sind denn bloß die Puppenhäuser? Vera, komm, hilf mir suchen!« Sie schauen in den Schrank, gucken in jede Lade, kriechen unter das Bett, suchen im Abstellraum, doch außer einigen Puzzlestücken, einzelnen Teilen eines Lego-Spieles, herausgerissenen Seiten eines Märchenbuches, einzelnen Rädern verschiedener Autos finden sie nichts.

»Ha! Ich hab' einen braunen Schuh gefunden, hier im Bett«, freut sich der Schlamper. Grimmig bemerkt Vera: »Der andere Schuh liegt im Küchenschrank. Doch wo sind die Puppenhäuser? Wie kann man denn auch bei einer solchen Unordnung etwas finden?!«

Nach so langem, erfolglosen Suchen wird Vera müde und verliert die Lust am Spielen. Als sie sich ins Bett legen will, springt sie sofort wieder heraus. »Au! Da hat mich etwas gestochen!« Schlamper schaut nach und zieht eine Gabel hervor. Vera ist nun sehr schlecht gelaunt und denkt verärgert: »Was nützt das, wenn man zwar nicht aufräumen braucht, aber trotzdem keine Zeit zum Spielen hat, da man die Sachen nicht findet. Und gemütlich ist so eine Unordnung auch nicht. Entweder stolpert man über etwas, oder man wird im Bett von einer Gabel gestochen. So gefällt mir das wirklich nicht! Was kann ich machen, damit das Ordnunghalten etwas lustiger wird und ich zugleich nicht so viel Zeit verliere?« Mit diesen Gedanken schläft Vera in dem schmutzigen, zerknautschten Bett ein.

Am nächsten Tag kommt ihr plötzlich die Idee: »Wach auf, Schlamper! Ich weiß, wie wir zugleich spielen und Ordnung halten können!« Schlamper hat sich mit der Tischdecke zugedeckt, weil er das Bettzeug nicht finden konnte. Als Kopfkissen verwendete er seinen Pullover. Er ist nicht ausgeschlafen und murrt:

»Laß mich doch! Im Durcheinanderland gibt es keine Ordnung, kein Auf- und kein Wegräumen. Das weißt du doch.« »Komm, steh auf!« bettelt Vera, »wir spielen ja nur Ordnung machen.«

Schlamper braucht lange, bis er angezogen ist, da sich jedes Kleidungsstück in einem anderen Teil der Wohnung befindet. Vera wird ungeduldig: »Siehst du, wieviel Zeit du ständig verlierst, weil es bei dieser Unordnung unmöglich ist, das zu finden, was man gerade braucht. Vor lauter Suchen kommen wir ja nie zum Spielen! Ich muß schon sagen, das Durcheinanderland gefällt mir gar nicht! Es ist häßlich, ungemütlich und sehr langweilig!«

Schlamper ist ein wenig beleidigt, aber im Grunde muß er Vera recht geben. Er hat sich zwar an die Unordnung schon gewöhnt, er sieht aber ein, daß er dadurch fast nie richtig spielen kann, da entweder die Spielsachen kaputtgehen oder nicht mehr aufzufinden sind. »Meinetwegen. Zeig mir dein neues Aufräumspiel.«

Vera freut sich, daß der Schlamper bereit ist, mit ihr dieses Spiel zu spielen. »Also, das Spiel geht so: Jeder von uns sammelt Dinge ein, die jetzt in der Wohnung verstreut sind. Wir legen alles hier in die Ecke zusammen. Zuerst beginnst du langsam von eins bis zwanzig zu zählen. Während dieser Zeit muß ich versuchen, so schnell wie möglich viele Sachen von diesem Schlamperberg an ihren Platz zu stellen. Dann zähle ich von eins bis zwanzig, und du mußt schnell mit dem Wegräumen beginnen. Wer von uns beiden die meisten Sachen weggeräumt hat, der ist Sieger.«

Schlamper gefällt diese Idee: »Das ist ja ein richtiges Wettrennspiel! Na gut, einverstanden! Also, zuerst sammeln wir alle herumliegenden Sachen ein. Achtung! Fertig! Los!« Schlamper und Vera stürmen durch die Wohnung, und in Blitzesschnelle haben sie einen riesigen Berg von Sachen aufgestapelt. Sie finden dabei sogar die vermißten Puppenhäuser.

Nun folgt der zweite Teil des Spiels.

Schlamper beginnt zu zählen: »1, 2, 3,...«

Vera will gewinnen und beeilt sich, möglichst viele Dinge an ihren Platz zu bringen.

Der Berg ist schon beträchtlich zusammengeschrumpft, da ruft Schlamper »20!«, und sie tauschen die Rollen. Er ist aber langsamer als Vera. Vera hat gewonnen!

»Bravo! Ich wußte gar nicht, daß Aufräumen so viel Spaß machen kann. Das nächste Mal werde aber ich siegen. Das Ordnungmachen ist aber schnell gegangen. Jetzt haben wir noch viel Zeit für andere Spiele«, meint Schlamper zufrieden. »Spielen wir mit den Puppenhäusern und den Straßen, so wie du gestern vorgeschlagen hast. Jetzt wissen wir ja, wo all die Dinge zu finden sind. Wir können gleich damit anfangen«, ermuntert Vera den Schlamper. Sie spielen vergnügt miteinander. Danach stellen sie die Spielsachen gleich wieder zurück an ihren Platz. »So sind die Spielsachen gut aufgehoben und können nicht verloren- oder kaputtgehen. Außerdem, falls wir morgen etwas anderes spielen wollen, stören sie uns nicht«, meint Vera.

Ab und zu vergessen sie noch, einige Dinge aufzuräumen. Doch dann spielen sie wieder schnell ihr Wegräumwettspiel, und alles ist in Ordnung. »So viel hab' ich noch nie in unserem Durcheinanderland spielen können. Es ist doch schöner, Ordnung zu halten. Eigenartig! Das hätte ich nie gedacht!« wundert sich der Schlamper.

Vera muß zurück zu ihren Eltern. Sie ist froh, das schmutzige Durcheinanderland verlassen zu können. Als sie wieder nach Hause kommt, freut sie sich, die sauberen Wiesen voller Blumen zu sehen und nicht »verziert« mit leeren Blechdosen. Die Kinderspielplätze sind schön mit den Schaukeln und Rutschen, ohne daß zerbrochenes Spielzeug herumliegt. Auf den Gehsteigen muß sie nicht achtgeben, da es ja kein Gerümpel gibt, worüber man stolpern kann. Wenn die Verkehrsampel grün zeigt, kann Vera sicher die Straße überqueren. »Wie einfach ist alles, wenn es Ordnung gibt! Das ist mir früher gar nicht aufgefallen!« denkt Vera zufrieden.

Zu Hause ist es so richtig gemütlich. Eigenartig! Vera fühlt sich plötzlich wohl in dieser ordentlichen Wohnung. Sie erzählt ihren Eltern, wie häßlich doch das Durcheinanderland sei, und berichtet ihnen, wie sie mit dem Schlamper ihr neu erfundenes Aufräumspiel spielte.

»Das können wir ja auch ab und zu machen. Deine Idee gefällt uns!« meinen die Eltern. »Natürlich gibt es manchmal Dinge, die man nicht sofort, im selben Augenblick wegräumen muß. Übertriebene Ordnung kann oft lästig werden. Aber alles herumstehen zu lassen würde bald aus uns auch ein Schlampervolk machen. Du hast selbst erlebt, wie unangenehm so eine Unordnung sein kann. Also, am Abend könnten wir hie und da dein Aufräumwettspiel spielen. Einverstanden?«

»Sehr fein!« ruft Vera. »Welchen Preis bekomme ich, wenn ich Sieger bin?« Die Eltern lächeln: »Wenn wir uns alle gemeinsam bemühen, Ordnung zu halten, ersparen wir einander viel Zeit. Vor allem Mutti muß dann nicht mehr hinter allen nachräumen. Wie wäre es mit einer Geschichte, die wir dir vorlesen? Würde dir der Preis gefallen?«

»Natürlich!« freut sich Vera. »Ich weiß, daß ich oft Sieger sein werde, da mein Zimmer meistens schon aufgeräumt sein wird und ich nichts mehr herumliegen lasse. Brrr! Wenn ich an das Durcheinanderland denke, wird mir jetzt noch übel. Nein, wir dürfen keine Schlamper werden!«

Was Eltern dazu wissen müssen

Ordnung zu halten ist für Kinder keineswegs attraktiv und durchaus nicht selbstverständlich. Viele Eltern begehen nun den Fehler, ihren Sprößling ständig zu ermahnen, doch endlich die herumliegenden Sachen wegzuräumen, oder diese Arbeit schließlich gar selbst zu erledigen. Statt dessen sollten Sie versuchen, Ordnung für das Kind attraktiv zu machen, und dabei selbst als Modell dienen: Das wird Ihnen allerdings nicht gelingen, wenn Sie eher zur Schlampigkeit neigen oder durch übertriebene Ordnungsliebe das Protestverhalten des Kindes herausfordern.

Das in der Geschichte vorgeschlagene Aufräumwettspiel soll dem Kind den Sinn des Ordnunghaltens vor Augen führen und es damit zum Aufräumen motivieren. Gleichzeitig lernt es, wie es am besten Ordnung hält und wo jedes Ding seinen Platz hat. Anfangs sollten Sie es anleiten, später kann es das Spiel selbst gestalten. Allerdings müssen Sie das Kind dabei stets beobachten, um jeden Fortschritt entsprechend zu honorieren. Zum Beispiel auf folgende Weise: »Bravo! Das sieht aber schon viel schöner aus! Wenn ich dann wieder nachschauen komme, werde ich sicher überrascht sein, wieviel du noch aufgeräumt hast. Ich bin schon gespannt!«

Wenn das Kind mit allem fertig ist, gibt man nochmals der Freude darüber Ausdruck: »Du hast mir wirklich sehr geholfen!

Ich freue mich, daß mir mein Kind schon so eine Hilfe sein kann. Jetzt hab' ich viel weniger Arbeit, da ich nicht mehr hinter dir nachräumen muß. Weil es so schnell gegangen ist, haben wir ein bißchen Zeit, es uns so richtig gemütlich zu machen. Soll ich dir etwas vorlesen?«

Dieses Spiel führen Sie nicht länger als einige Tage durch, da es dem Kind schnell zu langweilig wird und daher an Anziehungskraft verliert. Danach wird das Kind angeleitet zu lernen, selbständig Ordnung zu halten. Am besten wieder mit einem Spiel. Das Kind soll – ohne Ihr Wissen – freiwillig aufräumen und Sie damit überraschen. Als Belohnung versprechen Sie ihm, sich auch eine Überraschung auszudenken. Tritt beim Kind ein Gewöhnungseffekt ein, werden die Verstärker nur mehr gelegentlich, in unregelmäßigen Abständen eingesetzt. Natürlich wird es beim Kind, wenn auch das Aufräumen schon zur Routine geworden ist, genauso wie bei uns Erwachsenen hie und da vorkommen, daß es keine Lust zum Ordnungmachen hat. In diesem Fall sollten Sie Verständnis zeigen und das Kind motivieren: »Ich verstehe, daß es dir nicht immer Spaß macht aufzuräumen. Mir geht es auch manchmal so. Auch ich habe nicht immer Lust, Ordnung zu machen. Es fällt mir dann schwer, mich zu überwinden. Weißt du was, während ich bügle, räumst du auf. So bringen wir beide etwas schnell hinter uns, was uns keinen Spaß macht. Nachher genießen wir gemeinsam, daß wir das Unangenehme erledigt haben.«

Das Kind soll also in spielerischer Form angeleitet und zur Routine des selbständigen Aufräumens und Ordnunghaltens geführt werden. Ein etwaiges Nachlassen sollten Sie zwar nicht übersehen, dem Kind aber mit Verständnis begegnen.

Wenn Ihr Kind lügt

»Der Wahrheitsturm«

Katharina und Susanne sind Zwillinge. Sie sind am selben Tag geboren, haben dieselben Eltern, wohnen im selben Haus und gehen in dieselbe Klasse. Sie haben dieselbe Haarfarbe, dieselbe Augenfarbe, dieselbe Größe, aber in ihrer Wesensart gleichen sie einander keineswegs. Katharina ist sehr schüchtern, Susanne hingegen möchte immer im Mittelpunkt stehen. Katharina fängt leicht zu weinen an, sie fürchtet sich, ermahnt oder gar gescholten zu werden. Susanne macht sich nicht viel daraus, wenn man ihr etwas vorhält.

Doch in einem sind sie ganz gleich: Beide Mädchen lügen! Weil sie aber sonst ganz verschieden sind, lügt jede aus einem anderen Grund. Katharina lügt aus Angst. Schreibt zum Beispiel einmal die Lehrerin Katharina ins Mitteilungsheft, daß sie geschwänzt hat, erzählt Katharina zu Hause, sie hätte das Mitteilungsheft vergessen. Hat sie einmal etwas kaputtgemacht, und die Mutter ärgert sich und fragt, wer es gewesen sei, sagt Katharina bestimmt, sie habe keine Ahnung. Katharina hat damit schon öfter Erfolg gehabt, doch manchmal wird sie beim Lügen ertappt. Dann gibt es Tränen und Fernsehverbot.

Susanne dagegen möchte immer im Mittelpunkt stehen. Sie glaubt, daß ihr das nur gelingt, wenn sie vor der Klasse große Heldentaten erfindet. Zum Beispiel erzählt sie, daß einmal ein Baum umgefallen sei und auf eine Holzhütte zu stürzen drohte. Sie aber stemmte sich solange gegen den Baum, bis Männer kamen und ihn mit Seilen festbanden. Die Bewohner der Holzhütte schenkten ihr zum Dank ein kleines Reh. Leider durfte sie das Reh nicht mitnehmen.

Dann wieder erzählt Susanne, daß sie vom Zehnmeterbrett springen kann, daß sie Kindersendungen im Fernsehen blöd fände und das Nachtprogramm, das sie sich immer anschauen dürfe, viel interessanter sei.

Zum Glück ist Katharina so schüchtern. Sonst hätte sie den Klassenkameradinnen erzählen können, daß Susanne aufschneidet. Doch einige Klassenkameradinnen haben es ohnehin schon seit einiger Zeit bemerkt, daß Susanne schwindelt. Sie finden diese Angeberei dumm und kümmern sich nicht mehr um Susanne. Doch gibt es auch einige Mädchen, die sie bewundern, und das gefällt ihr natürlich sehr.

Beinahe hätte ich vergessen zu erzählen, daß unsere Zwillinge an einem Sonntag zur Welt kamen. Du weißt ja, daß manche Sonntagskinder Dinge sehen und hören können, die sonst den Menschen verborgen bleiben.

Eines Tages, als die beiden Mädchen auf einer großen Wiese liegen, ruft Katharina plötzlich: »Schau, diese schöne Libelle!« »Das kann doch keine Libelle sein, das ist ein viel größeres Tier«, meint Susanne. Dieses libellenartige Tier fliegt direkt auf die Mädchen zu. Und siehe da, aus der Nähe betrachtet stellt sich heraus, daß dieses Wesen eine Elfe ist. Eine richtige kleine, liebliche Elfe.

>   Ihr Kinder seid mir wohl bekannt.
>   Ich komme aus dem Elfenland.
>   Ich will, daß jede gleich erfährt,
>   daß Glück durch Lügen kurz nur währt.
>   Drum müßt ihr eilen, ohne Rast,
>   zum Wahrheitsturm in den Palast.
>   Den Weg zum Turm kann ich nicht sagen.
>   Da müßt ihr Waldestiere fragen.

»Hast du gehört?« fragt Katharina aufgeregt. »Wir sollen den Wahrheitsturm suchen. Wahrscheinlich werden wir dort die Wahrheit finden. Aber welcher Weg führt dorthin?« »Wir sollen ja die Waldtiere fragen«, fällt Susanne ein. Da will gerade eine Maus bei ihnen vorbeihuschen. Die Kinder rufen ihr zu: »Liebe Maus, sag uns an, wo der Wahrheitsturm sein kann.« »Bin viel zu klein, fragt nicht mich. Das weiß die Amsel sicherlich«, piepst die Maus. Die Mädchen wandern weiter: »Liebe Amsel, sag uns an, wo der Wahrheitsturm sein kann.« »Bin ach so klein, fragt nicht mich. Das weiß der Igel sicherlich«, sagt die Amsel und fliegt zum Himmel hinauf. Die Mädchen suchen den Igel: »Lieber Igel, sag uns an, wo der Wahrheitsturm sein kann.« »Bin noch sehr klein, fragt nicht mich, das weiß der Hase sicherlich«, brummt der Igel und rollt sich zusammen. Die Mädchen gehen weiter: »Lieber Hase, sag uns an, wo der Wahrheitsturm sein kann.« »Bin doch noch klein, fragt nicht mich, das weiß das Rehlein sicherlich«, antwortet der Hase und hüpft davon. Die Mädchen besuchen das Reh: »Liebes Rehlein, sag uns an, wo der Wahrheitsturm sein kann.« »Bin nicht sehr klein, doch fragt mich nicht. Das weiß der Hirsch ganz sicherlich«, und das Reh springt in den Wald hinein. Nicht lange müssen sie nach dem Hirsch suchen: »Lieber Hirsch, sag uns an, wo der Wahrheitsturm sein kann.« »Das weiß ich wohl. Nicht weit von hier. Folgt mir ins Zauberwaldrevier.«

Der Hirsch schüttelt kräftig sein Geweih und geht majestätisch voran. Die Kinder haben Mühe, ihm zu folgen. Als der Wald immer dichter wird, dürfen sich die Zwillinge auf seinen Rücken setzen. So reiten sie eine Weile, bis sie plötzlich vor einem wunderschönen Palast stehen. Da setzt der Hirsch die beiden Mädchen ab und verschwindet in den Wald. Erstaunt stellen sie fest, daß der Palast viele Türme hat. Welcher von ihnen wird wohl der Wahrheitsturm sein? Scheu sehen sie sich um und betreten den ersten Turm. Hier blitzt und blinkt es, alles ist aus Gold, und viele Goldstücke liegen herum. Ob das der Wahrheitsturm ist? Sie nehmen ein Goldstück in die Hand, doch kaum haben sie es berührt, verwandelt es sich in schwarze Kohle. »Das kann sicher nicht der Wahrheitsturm sein! Laß uns weitersuchen.«

Sie gelangen in den nächsten Turm. Hier glitzert und glänzt es vor lauter Edelsteinen. Als sie die Edelsteine berühren, zerbröckeln sie zu feinem Sand. »Das kann sicher nicht der Wahrheitsturm sein! Laß uns weitersuchen.«

So betreten sie einen Turm nach dem anderen. Der letzte ist einfach und schlicht, aus festem Holz gebaut. »Das ist jetzt der letzte Turm, und das soll der Wahrheitsturm sein?! Das gibt es doch nicht! Vielleicht sind wir im falschen Palast.« Enttäuscht wollen die Mädchen weiterziehen. Plötzlich hören sie eine Stimme aus dem Holzturm:

> Die Wahrheit, Kinder, glaubt es mir,
> die findet ihr allein nur hier.
> Einfach, bescheiden sein ist Stärke –
> nur so vollbringt man große Werke.
> Mit Lügen kommt man nicht sehr weit.
> Versucht's mal mit der Ehrlichkeit!

Denn tapfer nennt man nur ein Wesen,
das immer ehrlich ist gewesen.
Wer lügt, der ist ein feiger Wicht
– vergeßt das nicht!

Es fällt den Zwillingen anfangs schwer, den Sinn zu verstehen. Sie denken lange darüber nach. Katharina begreift als erste: »Ich habe nur gelogen, weil ich Angst vor Strafe gehabt habe. Natürlich ist Mutti nicht immer dahintergekommen, aber wenn sie es erfahren hat, ist sie sehr traurig und enttäuscht gewesen. Die Strafe ist mir dann sicher nicht erspart geblieben. Hätte ich mutig die Wahrheit gesagt, hätte Mutti sicher Verständnis gehabt. Eigentlich bin ich sehr feige gewesen.« Susanne meint zerknirscht: »Ich habe geglaubt, daß mich die anderen lieber hätten, wenn ich so auftrumpfe. Aber ich habe mich dabei lächerlich gemacht. Ich will ja, daß mich die Klassenkameraden so liebhaben, wie ich bin. Wer mich nicht so mag, wie ich bin, der braucht gar nicht mein Freund zu sein.« Erleichtert machen sich die Mädchen auf den Heimweg.

Zu Hause ärgert sich Mutti gerade, weil vom Sonntagskuchen ein Stück fehlt. Katharina nimmt den ganzen Mut zusammen und sagt: »Ich bin es gewesen. Entschuldige bitte, der Kuchen hat so verlockend geduftet. Ich hätte mich beherrschen sollen.« Die Mutter ist sehr erstaunt über diese plötzliche Ehrlichkeit. Sie freut sich darüber und sagt: »Das kann ja vorkommen. Nächstes Mal frage mich lieber vorher.« Katharina ist erleichtert und stolz auf sich, daß es ihr gelungen ist, die Wahrheit zu sagen.

Auch Susanne nimmt sich zusammen. Als sie in der Schule gefragt wird, wie denn der Nachtfilm im Fernsehen gewesen wäre, gibt sie zu, ihn nicht gesehen zu haben. Die Kinder sagen, daß es sicher ein langweiliger Film für Erwachsene gewesen sein wird und sie wahrscheinlich nichts versäumt hätten. So bemerkt Susanne, daß sie auch ohne ihre Heldengeschichten und Flunkermärchen beachtet wird. Manche Mädchen ihrer Klasse haben sie sogar lieber als früher. Und schon nach kurzer Zeit hat sie ein paar echte Freundinnen unter ihnen gefunden.

Was Eltern dazu wissen müssen

Man muß unterscheiden zwischen scheinbaren Lügen, der Vermengung von Phantasie und Wirklichkeit, Fabulieren (ab dem vierten Lebensjahr), und den Lügen, die ein Kind einsetzt, um die Aufmerksamkeit auf sich zu lenken oder sich unangenehmen Konsequenzen zu entziehen. Handelt es sich um bloßes phantasieren, brauchen die Eltern keinerlei Sorge zu haben, daß das Kind dadurch den Realitätsbezug verliert. Man soll das Kind gewähren lassen, da diese Art des Fabulierens auch ein Training für die Weiterentwicklung der Intelligenz darstellt.

Will sich das Kind durch Lügen, das meist eher als Übertreiben zu bezeichnen wäre, wichtig machen, so bedeutet dies, daß das Kind mehr Aufmerksamkeit benötigt, sei es von den Eltern, sei es von Kameraden. Die Eltern sollten diese Aufschneidereien völlig unbeachtet lassen, jedoch dem Kind helfen, die Aufmerksamkeit durch eine andere, erwünschte Art von Verhalten zu gewinnen.

Lügt jedoch das Kind gezielt, um einer Strafe oder Kritik zu entgehen, müssen die Eltern in erster Linie ihr Verhalten, ihre Reaktionen dem Kind gegenüber genau prüfen.

Hat das Kind etwas vergessen, etwas angestellt, etwas kaputtgemacht, so ist es sicher nicht aus Bösartigkeit geschehen. Falls es doch diesen Anschein erweckt, hat auch diese »Bösartigkeit« Ursachen. Kritik und Strafe sind in diesem Fall sinnlos, da das ursächliche Verhalten nicht verändert, sondern das Kind lediglich verunsichert und so geradezu zum Lügen erzogen wird.

Das Wichtigste im Kontakt mit dem Kind ist, ihm Vertrauen zu schenken. Das soll nicht bedeuten, daß Sie »blind« und »taub« jedem unerwünschten Verhalten gegenüberstehen. Vertrauen schenken bedeutet: Ich verstehe dich. Ich akzeptiere dich. Ich weiß, daß du nicht böswillig etwas gegen mich unternimmst. Gelingt es, echtes Vertrauen zu geben, wird man auch Vertrauen erhalten. Im Idealfall besteht für das Kind also kein Grund zu lügen.

Haben Sie Ihr Kind doch bei einer Lüge ertappt, gilt vorerst der Grundsatz: Keine sofortige Beachtung! Schimpfen Sie nicht gleich, weil es gelogen hat, sondern suchen Sie nach der Ursache dieses Verhaltens.

Ein Beispiel: Das Kind hat sich über ein Verbot der Eltern hinweggesetzt und dabei etwas kaputtgemacht. Es fühlt sich schuldig, da es weiß, daß es das Verbot einhalten hätte sollen, und noch dazu dieses Mißgeschick passiert ist. Es befürchtet die Kritik oder Strafe der Eltern und gebraucht daher eine Lüge.

Bemerken Sie, daß das Kind Sie gerade anlügt, wäre die richtige Reaktion folgende: »Du hast Angst, die Wahrheit einzugestehen, da du befürchtest, ich könnte böse werden. Es tut mir leid, daß du das denkst. Daß etwas kaputtgegangen ist, kann passieren, das ist Pech. Ich weiß, daß du es nicht mutwillig gemacht hast. Ich bin nur enttäuscht, daß du das Verbot nicht eingehalten hast. Doch du weißt selbst, daß das nicht in Ordnung ist. Ich glaube nicht, daß du ein Feigling bist. Nur Feiglinge lügen. Ich freue mich, wenn ich sehe, daß du tapfer die Wahrheit eingestehst.« Das Kind fühlt sich akzeptiert, weiß aber, daß es einen Fehler gemacht hat. Nicht das Mißgeschick – auch Erwachsene machen manchmal aus Versehen etwas kaputt – oder die Lüge werden getadelt, sondern das Verhalten, das zu diesen Reaktionen geführt hat. Dem Kind wird auf diese Weise der Weg gewiesen, wie es sich – ohne zu lügen – einer unangenehmen Situation stellen kann, ohne daß es den Unmut der Eltern befürchten muß.

Wenn Ihr Kind Schimpfwörter verwendet

»Das Wichtigmännchen«

Willi ist durchaus kein kleiner Junge mehr, er geht seit kurzem schon zur Schule. Trotzdem benimmt er sich eher wie ein kleines Kind, da er fast alles anderen Kindern – und besonders älteren – nachmacht oder nachplappert.

Eines Tages, als alle Schulkinder die Pause im Schulhof verbringen, ruft ein Mädchen ein Wort zu einem älteren Jungen. Der Junge ärgert sich darüber, andere Kinder kichern, und der Lehrer, der dieses Wort zufällig hört, ist entsetzt.

Willi versteht nicht, was dieses Wort wirklich bedeutet. Er merkt nur, daß es sich um ein sehr wichtiges Wort handeln muß. Das gefällt ihm. Er will auch solche Wörter erlernen, um damit sogar ältere Kinder und Erwachsene durcheinanderzubringen.

Seither paßt Willi im Schulhof, auf der Straße, überall dort, wo viele Kinder beisammen sind, gut auf, um so interessante Wörter zu hören, die er dann nachplappern will.

Einmal muß er bei einer Straßenkreuzung warten. Plötzlich überquert ein Fußgänger die Straße, ohne auf den Verkehr zu achten. Ein Autofahrer muß heftig bremsen, um den Fußgänger nicht niederzustoßen. Der Autofahrer brüllt dem Fußgänger dasselbe Wort zu, das Willi bereits von dem Mädchen im Schulhof kennt. Die umstehenden Leute reagieren genauso entsetzt wie damals der Lehrer in der Schule. »Der Autofahrer muß doch nicht gleich so ein Schimpfwort gebrauchen, auch wenn der Fußgänger sich falsch verhalten hat«, meinen die Leute kopfschüttelnd.

»Dieses Wort hat ja eine gewaltige Wirkung! Schimpfwörter gefallen mir. Da kann man andere Leute so richtig aufregen und sich wichtig machen. Das ist ein lustiges Spiel! Das muß ich auch bald versuchen!« sagt sich der unvernünftige Willi, ohne viel zu überlegen.

Zu Hause angelangt, probiert er es gleich aus. »Um Gottes willen!« ruft die Mutter. »Wo hast du denn solche Ausdrücke aufgeschnappt? Bei uns zu Hause sicher nicht! Ich will nie wieder so ein Wort hören!« Der Vater schimpft: »Was die Kinder heutzutage so alles in der Schule lernen! Das kommt davon, weil du immer viel zu nachgiebig bist, Mutter. Dein Sohn verkehrt mit unanständigen Kindern.«

Willi versteht nicht viel von dem, was die Eltern sagen. Und eigentlich ist es für ihn im Moment auch nicht wichtig. Er merkt nur zufrieden, daß sein »Zauberwort« gewirkt hat und auch die Eltern wie der Lehrer, wie die Leute bei der Straßenkreuzung empört über dieses Wort sind.

Nun geht Willi in ein Geschäft, um Milch zu kaufen. Er muß lange warten, da ihn die Erwachsenen übersehen. So ruft Willi sein »Zauberwort«. Die Erwachsenen drehen sich verärgert nach ihm um: »Na so was! Hat man denn schon so etwas gehört?! Der kleine Junge ist schon so frech und benützt Schimpfwörter. Schäm dich. Deine Eltern könnten dich auch besser erziehen!«

Willi versteht nicht, warum er sich schämen soll, und was seine Eltern damit zu tun haben. Er denkt nicht darüber nach, was ihm die Erwachsenen sagen, sondern freut sich nur, daß er im Mittelpunkt steht und daß auch diese Erwachsenen wie der Lehrer, wie die Leute bei der Straßenkreuzung und wie die Eltern heftig reagieren.

Vergnügt geht er zu seiner Großmutter. »Oma, ich weiß ein wichtiges Wort!« sagt Willi stolz.

»Wirklich?« meint Oma sanft. »Dann sag es mir doch!«

Als Willi dieses Schimpfwort ausspricht, ist Oma genauso entsetzt wie der Lehrer, wie die Leute bei der Straßenkreuzung, wie die Eltern und wie die Erwachsenen im Geschäft. »Ja, Kind, das sagt man doch nicht! Ein guter Junge darf solche Worte nicht gebrauchen! Sag das nie wieder!« belehrt ihn die Großmutter.

Willi zieht sich in sein Zimmer zurück. »Warum soll ich das Wort nicht mehr sagen? Andere sagen es ja auch. Außerdem muß es ein wichtiges Wort sein, wenn sich alle darüber so aufregen. Ich hab' damit ein Zauberwort, ich bin also wichtig. Prima, ich bin wichtig, ich bin wichtig!« freut er sich.

Da plötzlich kommt das Wichtigmännchen in Willis Zimmer. Das Wichtigmännchen sieht einem Wichtelmännchen ähnlich. Es ist aber viel häßlicher, boshaft und sehr eingebildet. Das Wichtigmännchen glaubt, es sei das Aller-Allerwichtigste auf der ganzen Welt. Wenn sich nun ein Kind für so wichtig hält, erscheint es geschwind, um dem Kind zu beweisen, daß es nur eine einzige wichtige Person geben darf, nämlich es selbst, das Wichtigmännchen.

»He, du!« ruft das Wichtigmännchen verärgert mit seiner krächzenden Stimme und zupft mit seinen dünnen Fingern an Willis Hose. »Was glaubst du eigentlich?! Nur weil du ein Schimpfwort sagst, bist du noch lange nicht wichtig! Schimpfwörter kann der größte Dummkopf sagen, da ist gar nichts dabei! Jetzt gefällt es dir noch, weil du mit deinem Schimpfwort die Leute durcheinanderbringen kannst. Aber bald werden sie sich daran gewöhnen und dich nur mehr als garstigen Buben sehen. Also, wichtig wirst du sicher nie werden!«

»Das glaub' ich nicht!« antwortet Willi trotzig. »Du bist nur eifersüchtig, weil ich wichtig werde.«

»Na gut, wir werden schon sehen, wer recht behält. Wetten wir!« schlägt das Wichtigmännchen vor. »Ich sage dir alle Schimpfwörter, die es gibt. Du mußt sie immer wieder bei allen Leuten gebrauchen. Wenn du merkst, daß du damit nicht wichtig wirst, hast du verloren und darfst nie wieder ein Schimpfwort sagen. Und ich bleibe das aller-allerwichtigste Wichtigmännchen. In einem Monat treffen wir einander wieder. Wir werden ja sehen, wer dann der Sieger sein wird!«

»Einverstanden!« ruft Willi. Und schon ist das Wichtigmännchen verschwunden.

Als Willi am Morgen aufwacht, weiß er eine Menge neuer Schimpfwörter, die ihm das Wichtigmännchen noch schnell zum Abschied hineingezaubert hat. Willi freut sich: »Hurra! Ich werde gewinnen! Jetzt kann ich alle Erwachsenen und Kinder durcheinanderbringen! Es wird niemand Wichtigeren geben als mich!«

Da an diesem Tag schulfrei ist, geht Willi in den Park. Er sieht eine Gruppe kleiner Kinder in der Sandkiste spielen, und, ohne daß er es will, rutscht ihm ein Schimpfwort förmlich nur so aus dem Mund. Die kleinen Kinder blicken ihn verschreckt und verständnislos an. Willi hört, wie die Mütter zu ihnen sagen: »Schaut ihn gar nicht an, das ist ein böser Kerl!«

Danach kommt Willi bei den großen Jungen vorbei, die gerade Fußball spielen. Er hat immer etwas Respekt vor den Älteren und will schnell weitergehen. Doch, wie verhext, es entschlüpft ihm wieder ein grobes Schimpfwort. Die großen Jungen werden wütend über diesen frechen Kerl. Ein besonders kräftiger Junge läuft auf Willi zu und gibt ihm einen festen Stoß. »Laß dich nur ja nicht mehr hier blicken!« droht er ihm.

Willi ist verstört. Heute findet er es gar nicht mehr so lustig wie gestern. Doch er kann nicht damit aufhören. Er ist wie verzaubert. Einen ganzen Monat noch muß Willi Schimpfwörter sagen! Er will gewinnen, und daher faßt er wieder Mut zum Weitermachen.

Im Park gefällt es ihm nicht mehr, und so schlendert Willi durch kleine Gassen, die am Weg nach Hause liegen. Er begegnet einer lieben Nachbarin, die ihm oft Süßigkeiten schenkt. Willi will freundlich grüßen, doch statt eines netten Grußes, bringt er wieder nur ein Schimpfwort hervor. Die Nachbarin geht weiter, ohne Willi nur eines Blickes zu würdigen. Sie zeigte sich nur ernst, nicht entsetzt wie der Lehrer, wie die Leute bei der Straßenkreuzung, wie die Eltern, wie die Erwachsenen im Geschäft und wie die Großmutter. Diesmal schämt sich Willi und kommt sich gar nicht wichtig vor. Er läuft schnell davon.

Während der nächsten Tage ergeht es Willi ähnlich. Immer weniger Vergnügen macht es ihm, den anderen Schimpfwörter an den Kopf zu werfen. Und wie es das Wichtigmännchen vorausgesagt hat, die Leute gewöhnen sich daran, daß Willi ein garstiger, unerzogener und frecher Bub ist. Sie schauen ihn nicht mehr an und verbieten ihren Kindern, mit Willi zu spielen. So bleibt Willi ganz allein, alle kehren ihm den Rücken zu. Sogar die Klassenkameraden kichern nicht mehr, wenn Willi ein Schimpfwort von sich gibt, da es ihnen schon langweilig wird.

Das ewige Schimpfwortsagenmüssen geht auch Willi schon so auf die Nerven, daß er den Tag sehnlichst erwartet, an dem das Wichtigmännchen die Wette gewinnen wird. Willi findet gar nichts Besonderes mehr an Schimpfwörtern und merkt endlich, daß eigentlich nur sehr dumme Kinder weiterhin freiwillig so schlechte Worte gebrauchen.

Er versucht nun, sich den Mund mit der Hand zuzuhalten, damit kein Schimpfwort mehr herausrutschen kann.

»Du Schw...« Klatsch! Und schon schlägt sich Willi mit der Hand auf den Mund. »Du bist ein Tro...« Platsch! Wieder den Mund zuhalten! »So ein Idi...« Bumm! Mund zu! ...Und so weiter, und so weiter. Willis Lippen sind schon ganz rot und geschwollen.

Endlich ist er da, der Tag, an dem das Wichtigmännchen wieder erscheinen wird, um zu sehen, wer von ihnen beiden die Wette gewonnen hat. Da es gar kein liebes, sondern ein boshaftes Wichtigmännchen ist, freut es sich sehr, den armen Willi so traurig vorzufinden. »Ha, ha!« lacht es schadenfroh. »Ich habe also doch gewonnen! Ha, ha! Ich bin und bleibe das aller-allerwichtigste Wichtigmännchen! Wie ich sehe, hast du die Freude an Schimpfwörtern verloren. Die Leute wollen dich nicht mehr. Das geschieht dir recht! Wie kann man auch so dumm sein und glauben, daß man durch Schimpfwörter etwas Besonderes wird! Ha, ha, ha! Dummer, dummer Willi. Dummer, dummer Willi!« spottet das Wichtigmännchen und verschwindet so schnell, wie es gekommen ist.

Willi ärgert sich gar nicht, die Wette verloren zu haben. Er ist froh und erleichtert, endlich wieder ein lieber Junge sein zu können, und bemüht sich sehr, nett und freundlich zu den Leuten zu sein.

Und sieh da, nach einiger Zeit haben ihn die Kinder und Erwachsenen wieder lieb. Die Nachbarin schenkt ihm sogar noch mehr Süßigkeiten als zuvor. Willi merkt gar nicht, daß seine Freundlichkeit den anderen gegenüber ihn plötzlich wirklich zu einer wichtigen Person macht. Alle Schulkameraden wollen ihn zum Freund haben, der Lehrer beauftragt ihn mit Ehrendiensten, die Erwachsenen laden ihn zu lustigen Ausflügen ein. Kurzum, alle sind gern mit Willi zusammen.

So hat Willi zwar nicht die Wette gewonnen, das häßliche, eingebildete Wichtigmännchen aber doch noch besiegt. Es ist darüber so wütend, daß es weit, weit weg in ein fremdes Land flüchtet. Und hoffentlich nie zurückkommt, weil es bei uns ohnehin nicht mehr gebraucht wird. Sicher nicht. Oder?

Was Eltern dazu wissen müssen

Schulkinder kennen schon die ungefähre Bedeutung des Schimpfwortes, es ist ihnen sehr wohl bewußt, daß es negativ aufgenommen wird, wenn sie solche Worte gebrauchen. Verwenden die Eltern häufig Schimpfwörter, wird das Kind diese nachahmen, ihr Gebrauch wird zur Gewohnheit. Es kann aber auch sein, daß das Kind erlebt, daß für die Erwachsenen ihre Verwendung eine Art Ventil bedeutet. Dann orientieren sich die Kinder an diesem Modell und lernen, sich ebenso abzureagieren.

Im Vorschulalter dagegen merkt das Kind nur, daß es sich damit in Szene setzen kann. Es lernt am Modell anderer Kinder und – falls die Eltern falsch reagieren – durch die erhaltene Beachtung, die Schimpfwörter weiter zu gebrauchen. Überhören Sie also das Schimpfwort in diesem Moment einfach. Das bedeutet nicht, daß Sie es gutheißen. Das Schimpfwort verliert jedoch für das Kind an Attraktivität und Bedeutung, wenn es nicht die Reaktion erhält, die es damit erreichen wollte. Erst nach einem gewissen Zeitraum sollten Sie mit dem Kind darüber sprechen: »Übrigens, du hast heute Mittag ein Wort verwendet, das gar nicht schön ist. Man kann damit jemanden beleidigen oder ihm sogar weh tun. Ich weiß, daß du ein liebes Kind bist und sicher nicht willst, daß du andere böse oder traurig machst. Du hast wahrscheinlich gedacht, daß es ein wichtiges Wort wäre. Wenn du es noch einmal sagst, werden wir es ganz einfach überhören, da wir gar nicht wissen wollen, daß unser Kind so häßliche Worte gebraucht.«

Durch dieses Gespräch wird dem Kind deutlich gemacht, daß es auch bei wiederholtem Anwenden dieses Wortes keinerlei Gewinn erzielt. Gleichzeitig macht man es darauf aufmerksam, daß das Wort verletzend wirken kann, und läßt das Kind fühlen, daß man weiß, daß es dies im Grunde gar nicht bezwecken will.

Wenn Ihr Kind unfolgsam ist

»Indianerspiel«

Petra und Roman spielen Indianer. Sie vereinbaren Geheimzeichen und geben einander Signale, so wie es die richtigen Indianer tun. Du weißt ja, daß sich Indianer über weite Strecken mit Rauchsignalen verständigen. Oder sie ahmen Tierstimmen nach. So übermitteln sie Nachrichten, die nur ihre Stammesbrüder verstehen.

Petra und Roman spielen am liebsten mit vielen Kindern. Durch ihre Geheimzeichen können die beiden einander Dinge mitteilen, die nur sie und nicht die anderen Kinder verstehen. So warnt zum Beispiel Petra Roman vor Paul, der Roman gerade von hinten fangen möchte. Oder Roman meldet Petra einen Schleichweg, auf dem sie die anderen Kinder sicher nicht sogleich finden werden. Natürlich hat jede Kindergruppe ihre eigenen Geheimzeichen, das gehört zum Spiel. Zu Streitereien kommt es selten, denn jeder befolgt die Regeln, die sie für das Indianerspiel aufgestellt haben.

Petras und Romans Eltern beobachten überrascht, wie genau ihre Kinder die Spielregeln beachten. Denn zu Hause gelingt es ihnen nicht immer, so folgsam zu sein.

Da haben die Eltern eine Idee. Sie schlagen ihren Plan auch gleich den Kindern vor: »Wir wissen, daß es nicht immer angenehm ist, folgen zu müssen. Machen wir zu Hause auch so eine Art Indianerspiel, dann fällt euch das Folgen sicher leichter. Die Indianer halten fest zusammen, und jeder hilft jedem – so wie auch wir in der Familie. Nicht wahr? Die Stammesregeln sind ein unumstößliches Gesetz, und alle befolgen sie. Der Häuptling, der die größte Verantwortung trägt, bestimmt bei den wichtigsten Dingen, was jeder zu machen hat, aber er holt auch den Rat der anderen ein, damit er gerecht und weise entscheiden kann.

Spielen wir also Indianerfamilie und vereinbaren auch wir Geheimzeichen, wie zum Beispiel mit Fingern schnippen, klatschen oder pfeifen. Diese Geheimzeichen setzen wir als Signal ein, um einander aufmerksam zu machen, wenn die Familienregeln nicht befolgt werden, die wir gemeinsam vorher festlegen. Wenn du während der Woche ein tüchtiger Indianer gewesen bist, darfst du am Sonntag der Häuptling sein. Das heißt, du darfst bestimmen, was gekocht werden soll, wohin wir einen Ausflug machen und wer was mit dir spielen muß. Einverstanden? Wir freuen uns schon auf das Indianerspiel.«

Was Eltern dazu wissen müssen

Folgsamkeit beziehungsweise Unfolgsamkeit der Kinder (außerhalb der Krisenphasen) sind ein Prüfstein für die Erziehungsqualitäten der Eltern. Haben die Eltern nur Befehle erteilt, haben sie inkonsequent erzogen, schaffen sie dem Kind aus einer Laune heute dies und morgen das an, geben sie zu viele Verbote, nörgeln sie ständig am Kind herum, sind die Elternteile uneins in ihren Erziehungsansichten und zeigen diese Uneinigkeit vor dem Kind, dann kann es kaum lernen, folgsam zu werden.

Die häufigste Ursache für Unfolgsamkeit ist also das pädagogische Ungeschick, die Inkonsequenz der Eltern. Manchmal ist Unfolgsamkeit, wie viele andere Fehlverhalten, lediglich ein Mittel des Kindes, um sich die ersehnte Aufmerksamkeit zu erzwingen. In einigen Fällen wird sie auch als Protest gegen allzu starre Normen eingesetzt.

Würde man in manchen Familien die Ermahnungen eines einzigen Tages aufschreiben, man könnte ein Buch damit füllen. »So komm doch endlich! Hörst du nicht?! Wie oft soll ich noch nach dir rufen?! Laß das sofort stehen! Hundert Mal habe ich dir schon gesagt, daß du das nicht anrühren darfst. Es ist schrecklich mit dir! Was immer ich dir sage, geht dir beim einen Ohr hinein und beim anderen hinaus. Komm! Laß das! Hör auf! Komm endlich! Geh leise, trample nicht so durch die Wohnung. Du sollst leise gehen! Bist du taub?! Die Nachbarn werden sich über dein Getrampel beschweren. Räum das noch weg. Hast du das endlich weggeräumt? Jetzt räum das, verdammt nochmal weg! Beeil dich ein bißchen. So mach doch schon! Ständig muß ich hinter dir her sein. Folgen kannst du wohl gar nicht?! Womit habe ich das verdient?! Meine Nerven! Wie oft soll ich noch reden, bis du gehorchst?!« Und so weiter, und so weiter.

Ungeduld und Nervosität der Eltern übertragen sich auf das Kind. Entweder reagiert es ebenso, oder es schützt sich durch

»Taubstellen«. Durch ständige Ermahnungen stumpft das Kind gegenüber dem Inhalt der Forderungen ab, es erlebt nur die vermehrte Zuwendung, die, wie bereits mehrmals erwähnt, das Fehlverhalten verstärkt, also in keiner Weise zum Gehorchen anspornt.

Sie sollten selbstkritisch Ihr Verhalten unter die Lupe nehmen: Wie nervös, wie launenhaft, wie inkonsequent, wie intolerant, wie unflexibel, wie fordernd und überfordernd sind Sie?

»Folgen muß sein«, dieses Postulat trifft zu, wenn damit gemeint ist, daß bestimmte Normen zum Schutze des Kindes und seiner Umgebung, der Ordnung wegen und zum besseren Zusammenleben eingehalten werden müssen. Es trifft aber nicht zu, wenn man erwartet, daß das Kind von sich aus, nur weil man es von ihm verlangt, zu gehorchen hat. Es ist die Aufgabe der Eltern, das Kind einsichtig zu machen. Und das am besten ohne langwierige Abhandlungen: Kurze, verständliche Erklärungen genügen. Geduld und Konsequenz sind dabei erforderlich sowie Verständnis für kindliches Verhalten. Sie können nicht erwarten, daß das Kind auf »Knopfdruck« gehorcht, besonders dann nicht, wenn es abrupt durch die Forderungen der Eltern aus einer angenehmen Tätigkeit gerissen wird.

Wenn es Ihrem Kind besonders schwerfällt, das Folgen zu erlernen, dann können Sie den Umlernprozeß mit dem Indianerspiel heiterer und auch kürzer gestalten. Das vom Kind gewählte »Indianergeheimzeichen« dient als Signal, als Erinnerung, vorher vereinbarte Regeln nun einzuhalten. Solange gewisse Verhaltensnormen nicht in »Fleisch und Blut« übergegangen sind, darf man vom Kind nicht erwarten, daß es von sich aus gehorcht. Deshalb sind diese Hilfsmittel sinnvoll und notwendig. Umgekehrt erzieht das »Indianergeheimzeichen« die Eltern dazu, nicht in den gewohnten nörgelnden Sermon zu verfallen und nicht durch ständiges Ermahnen ungewollt die Unfolgsamkeit des Kindes aufrechtzuerhalten. Das Zeichen wird maximal dreimal hintereinander vorgegeben. Bevor das Geheimzeichen das dritte, also letzte Mal signalisiert wird, soll das Kind der Aufforderung der Eltern nachkommen, nur dann ist es »Sieger«.

Es ist sowohl für die Verlaufskontrolle als auch für die Freude und Motivation des Kindes erforderlich, die täglichen Erfolge zu registrieren und sie mit anerkennendem Lob zu versehen. Man kann zu diesem Zweck Punkte kleben oder Indianerschmuck mit einzelnen Federn aufzeichnen, die bei jedem Erfolg bunt angemalt werden. Die Erfolgsquoten werden ausgehend vom »Ist-Zustand« berechnet. Das bedeutet, daß Sie nicht bei Beginn des Programms bereits großartige Erfolge erwarten dürfen. Sie müssen jeden kleinen Fortschritt lobend begleiten.

Der wöchentliche Preis für den Sieger, einen Tag Indianerhäuptling sein zu dürfen, gilt nicht nur als zusätzlicher Ansporn, er hilft dem Kind auch, sich als ernstgenommenes Familienmitglied zu fühlen. Damit der »Häuptling« keine unerfüllbaren Wünsche äußert, geben Sie jeweils drei Alternativen vor, unter denen das Kind wählen darf. Auch Sie müssen sich »brav« an die vereinbarten Regeln und peinlichst genau an Ihr Versprechen halten – das versteht sich wohl von selbst.

Wie erfolgreich das Programm verläuft, hängt von Ihrer Fähigkeit ab, die Situation richtig und daher auch selbstkritisch einzuschätzen und das Kind für das Spiel, für das Umlernen zu begeistern.

Wenn Ihr Kind nägelbeißt

»Das Katzenkind Liesi«

Du weißt sicher, daß Tiere auch eine Seele haben. Sie können sich, wie du, freuen oder traurig sein. Sie spielen Streiche, sind manchmal unfolgsam, aber wenn die Tiermutter streng ist, gehorchen sie brav. Tiergeschwister raufen und streiten fast wie Menschenkinder, liegen aber dann wieder friedlich beisammen. Besonders verspielt sind Katzenkinder. Hast du schon junge Katzen beobachtet?

Am lustigsten sind für Katzenkinder Fang-, Kletter- und Nachjagespiele. Sie lernen dabei, gute Jäger zu werden, was für große Katzen sehr wichtig ist. Um sich Nahrung zu beschaffen und um sich verteidigen zu können, brauchen sie ihre Krallen. Deshalb geben Katzen auch sehr acht auf ihre Krallen, pflegen sie besonders gut und sind sehr stolz darauf.

Die Katzenmutter Minka hat fünf Katzenkinder: Schecki, Schnurrli, Murli, Mia und Liesi. Liesi ist ein liebes, gutes Katzenkind, nur leider sehr schreckhaft und nervös. Wenn ihren Geschwistern etwas nicht paßt, protestieren sie mit lautem Miauen, und wenn sie enttäuscht, verzagt, aufgeregt oder ängstlich sind, erzählen sie alles gleich der Katzenmutter Minka. Nur Liesi sagt nicht einmal Miau, sie schlüpft nur zur Mutter, drückt sich an sie, spricht sich aber nicht aus. Großen Kummer hat Liesi ja nicht, es sind nur viele Kleinigkeiten, die sie ein bißchen ängstigen, enttäuschen, erschrecken oder beunruhigen.

Zum Beispiel erschrickt Liesi jedesmal, wenn Schnurrli faucht, zuckt zusammen, wenn sie von Murli am Ohr gezupft wird oder wenn Schecki mit ihrem Schwanz spielt. Sie ist ein bißchen traurig, wenn Mia lieber mit den Brüdern herumtollt, sie fühlt sich allein, wenn die Katzenmutter Minka mit den anderen plaudert, und sie wird ganz aufgeregt und unruhig, wenn alle Kinder Mäusefangen lernen und sie eine Aufgabe lösen muß.

Da beginnt Liesi plötzlich von einem Tag auf den anderen, an ihren Krallen zu kauen, sie wird zum »Nägelbeißer«. Minka ermahnt sie: »Hör endlich auf, an deinen Krallen zu beißen. Katzen brauchen ihre Krallen. Ohne schöne, scharfe Krallen bist du keine richtige Katze.« Die Geschwister lachen Liesi aus: »Hast du aber häßliche Krallen! Du kannst ja nicht einmal mehr über den Zaun klettern, so kurz und stumpf sind sie.«

Aber weder der Spott der Geschwister noch das Ermahnen der Mutter nützen etwas. Es ist Liesi angenehm, Nägel zu beißen, denn während sie an den Krallen nagt, wird sie ruhiger. So kaut Liesi, wenn sie angespannt ist, sie beißt, wenn sie Kummer hat, aber sie nagt auch dann, wenn sie sich langweilt, so sehr hat sie sich schon an das Nägelbeißen gewöhnt.

Die Katzenkinder sind älter geworden, und Minka läßt sie jetzt schon allein fortgehen. Aber sie trägt ihnen auf, es nicht zu bunt zu treiben und sehr vorsichtig zu sein, denn im Dorf laufen Hunde herum, die gerne Katzen jagen.

Liesi gefällt es, auf Entdeckungsreisen zu gehen. Sie schnuppert an einer herrlich duftenden Blume. Da klettert eine kleine Ameise aus dem Blütenkelch und krabbelt auf Liesis Nase. »Hatschi!« niest Liesi und scheucht dabei einen Schmetterling auf. Liesi läuft ihm nach und will ihn fangen. Sie hascht nach ihm, aber er fliegt so hoch, daß Liesi ihn nicht erwischen kann.

Sie merkt gar nicht, daß sie sich in der Nähe eines Bauernhofes befindet, wo Bello, der große Hund wohnt. Bello ist kein böser Hund, er ist sogar sehr gutmütig. Aber das weiß Liesi nicht.

Als Bello plötzlich über die Wiese springt, erschrickt Liesi ganz gewaltig. Entsetzt läuft sie zum Wald, um sich in den Baumwipfeln vor Bello zu verstecken. Bello macht es Freude, hinter Liesi herzujagen, er bleibt ihr daher dicht auf den Fersen.

Endlich erreicht Liesi den Wald. »Nun nichts wie hinauf auf den Baum«, denkt Liesi, schon ganz außer Atem. Aber Hilfe! Was ist denn los? Hopp, ein Sprung auf den Baumstamm und rrratsch, Liesi rutscht wieder hinunter. Noch ein verzweifelter Versuch. Hopp – und plumps: Liesi hat eine Bauchlandung gemacht. Ihre abgenagten Krallen sind zu stumpf, als daß sie sich damit am Baumstamm gut festhalten könnte.

Bello steht jetzt knapp vor ihr. Er möchte Liesi Angst einjagen und knurrt ganz gefährlich. Liesi zittert am ganzen Körper, kneift die Augen zusammen und beginnt vor lauter Schreck, an den Krallen zu kauen.

Beim Anblick dieser zitternden Katze, die Nägel beißt, muß Bello lachen: »Was bist denn du für eine merkwürdige Katze?!

Richtige Katzen klettern Bäume hoch, fauchen und drohen mit den Krallen, wenn sie von Hunden verfolgt werden. Da macht es Spaß, Katzen zu jagen. Aber du? Du liegst auf dem Bauch, zitterst und beißt an deinen Nägeln. Du hast Glück, daß ich kein Katzenfeind bin, sonst könnte ich dich jetzt beißen.«

Nun wagt es Liesi, die Augen zu öffnen. Bello wedelt mit dem Schwanz, um ihr zu zeigen, daß er ihr Freund sein möchte. Aber in der Katzensprache heißt das Hin- und Herpendeln des Schwanzes: »Vorsicht, komm mir noch nicht zu nahe.« Deshalb versteht Liesi Bellos freundliche Geste nicht sogleich, sie macht einen Katzenbuckel und faucht, weil sie hofft, Bello damit abzuschrecken.

»Ha, du kannst mir keine Angst einjagen. Du hast ja keine Krallen, mit denen du mich kratzen könntest! Ist es nicht besser, wenn wir Freunde werden? Dann will ich dich so lange vor anderen Hunden schützen, bis deine Krallen nachwachsen.« »Aber meine Krallen werden nicht länger. Ich bin schon so an das Nägelbeißen gewöhnt, daß ich es oft gar nicht mehr merke, wenn ich an den Krallen nage«, sagt Liesi schüchtern. »Das ist aber schlimm! Ohne lange Krallen bist du keine schöne Katze, niemand nimmt dich ernst, und gefährlich ist es für dich auch. Da muß es doch eine Hilfe geben. Ich kann nicht ewig dein Beschützer bleiben«, brummt Bello und kratzt sich nachdenklich hinter dem Ohr. »Jetzt hab' ich's! Statt Nägelbeißen lutschst du am Daumen! Hm, nein! Das ist auch keine gute Idee, dann bekommst du nämlich schiefe Zähne und einen krummen Daumen, und das ist für eine Katze ebenso häßlich wie kurze Krallen. Hmmm, mir fällt auch nichts ein.«

»Aber mir! Ich kann euch helfen«, lispelt es zart aus Bellos Fell. »Wer bist du?« fragen Liesi und Bello erstaunt. »Ich bin es, der kleine Hundefloh.« »Was kannst du lästiger Wicht schon helfen?! Du juckst und beißt mich ständig, und ich muß mich dauernd kratzen.« »Eben«, meint der Hundefloh. »Das ist ja die Hilfe, die ich Liesi geben kann. Ich hüpfe von dir in Liesis Fell. Wenn sie an den Krallen kaut, dann erinnere ich sie, daß sie das sofort unterlassen muß, indem ich in ihrem Fell kribble und krabble, daß es nur so juckt. Wenn sie aber nicht nägelbeißt, dann springe ich nicht auf ihr herum, sondern flüstere ihr schöne Hundegeschichten ins Ohr. Je länger sie sich beherrschen kann, desto mehr Geschichten erzähle ich ihr.«

»Das ist wirklich eine gute Idee, kleiner Floh. Ich geb' dich gern an Liesi ab. Du brauchst auch gar nicht mehr zu mir zurückzukommen, ich hab' genug vom vielen Kratzen.« »Na, meinetwegen. Ich suche mir dann einen anderen Hund. Obwohl es bei dir sehr bequem gewesen ist, in deinem langen, zottigen Fell. Also, ich springe jetzt zu Liesi. Eins, zwei, drei und hüpf!«
»Hé!« ruft Liesi. »Das gilt nicht! Du kitzelst mich jetzt schon, und ich kaue ja gar nicht an den Krallen.« »Entschuldige. Ich muß mir erst einen bequemen Platz hinter deinem Ohr suchen. Es kommt nicht wieder vor.«

Der kleine Floh bemüht sich sehr, gut auf Liesis Nägelbeißen zu achten. Wenn er Liesi kitzeln muß, ist das für Liesi besonders unangenehm, weil sie sich mit ihren stumpfen Krallen nicht richtig kratzen kann. Der kleine Floh erzählt Liesi, wenn sie nicht nägelbeißt, wunderschöne und lustige Hundegeschichten, in denen natürlich auch viele Katzen vorkommen. Liesi lernt viel aus den Geschichten, sie fühlt sich weniger allein, wird mutiger, ist kaum mehr angespannt und spricht mit dem kleinen Floh über alles, was sie bewegt. Immer seltener muß der kleine Floh in Liesis Fell herumkrabbeln, um sie zu kitzeln, denn Liesi kaut fast gar nicht mehr an ihren Krallen.

Eines Tages begegnet Liesi ein fremder Hund. Flugs flüchtet sie auf einen Baum, der Hund springt hoch – und schon versetzt ihm Liesi mit ihrer Tatze einen Hieb. Mit blutender Nase läuft der Hund davon. Die Katzenmutter Minka ist zufällig in der Nähe: »Das ist prima, Liesi. Du bist eine richtig tapfere Katze geworden. So, jetzt komm herunter von dem Baum. Der Hund ist schon weit fort.«

Nun bemerkt Liesi erst, daß sie sich mit ihren schönen langen Krallen sicher am Baum festhält. »Hurra! Ich bin eine richtige Katze! Siehst du, kleiner Floh, wie schön meine Krallen geworden sind?!«

Aber der kleine Floh hört Liesi nicht mehr. Da er gewußt hat, daß Liesi schon so tüchtig ist und seine Hilfe nicht mehr braucht, hat er nur auf die Gelegenheit gewartet, eine neue Unterkunft in einem Hundefell zu finden. Jetzt kitzelt er den frechen Hund, der Liesi gejagt hat. Nun hat der Hund nicht nur eine blutende Nase, sondern auch einen Floh!

Bist auch du, wie Liesi, ein Nägelbeißer? Vielleicht spielen deine Eltern dann für dich den unsichtbaren Hundefloh, der dir hilft, das häßliche Nägelbeißen aufzugeben, mit dem du über alles sprechen kannst, was dich bedrückt oder nervös macht, und der dir schöne Geschichten erzählt. Wenn ihr dann noch in einem »Belohnungszettel« deine Erfolge einzeichnet, die sicher von Tag zu Tag größer werden, dann ist es sogar ein interessantes Spiel, sich das Nägelbeißen abzugewöhnen.

Was Eltern dazu wissen müssen

Warum ein Kind zum Nägelbeißer wird, kann verschiedene Ursachen haben. Psychischer Druck, bedingt entweder durch Ängstlichkeit, Nervosität, Erfolgszwang, geistige oder körperliche Überforderung, durch das Gefühl, benachteiligt zu werden, oder durch andere unbewältigte Probleme, ist einer der häufigsten Gründe. Nägelbeißen wirkt wie ein Ventil, das Kind löst damit seine innere Anspannung. In vielen Fällen wird es dann zur Gewohnheit. Das Kind kaut an seinen Nägeln herum, auch wenn die Probleme bereits gelöst sind. Nägelbeißen kann allerdings ganz einfach nur eine Angewohnheit sein, die sich besonders intensiv bei Langeweile oder bei konzentrierter geistiger Tätigkeit zeigt.

Ob das Nägelbeißen nun als Symptom einer psychischen Anspannung anzusehen ist oder nicht, können nur einfühlsame Eltern durch Beobachtung des Kindes, durch eine kritische Analyse der Familiensituation sowie durch ein Gespräch mit dem Kind ermitteln. Falls Unklarheiten bestehen, müßte unbedingt ein Psychologe aufgesucht werden. Kontrollieren Sie Ihr Verhalten dem Kind gegenüber: Stellen Sie das Kind unter Leistungsdruck, wird es überfordert, hat es genügend Aussprachemöglichkeiten, sind Sie ein guter Zuhörer, wird es ernst genommen? Macht sich Ihre Nervosität in Ihren Reaktionen bemerkbar, wie geduldig sind Sie?

Nun erheben Sie die Ausgangsdaten: Wann, wie oft, in welcher Situation, in welcher psychischen Verfassung beginnt Ihr Kind, an den Nägeln zu beißen? Nach diesem »Ist-Zustand« des Kindes richten Sie das Programm aus.

Erklären Sie dem Kind, warum es wichtig ist, sich das Nägelbeißen abzugewöhnen. Zeigen Sie ihm Ihr Verständnis dafür, daß es nicht einfach ist, eine Gewohnheit abzulegen. Um dem Kind diese schwierige Aufgabe zu erleichtern und lustvoller zu gestalten, helfen Sie ihm anfangs mittels eines Spiels: Vereinbaren Sie mit dem Kind, daß Sie in bestimmten Tagesintervallen, also dann, wenn das Nägelbeißen besonders häufig auftritt, statt des üblichen Ermahnens Zeichen setzen (klatschen, mit Fingern schnipsen, d. h. irgendein Zeichen, das vom Kind gewünscht wird), die das Kind auffordern sollen, sofort die Finger aus dem Mund zu nehmen. Wenn es auf das Zeichen reagiert, wird das Kind mit »Bravorufen« bestärkt.

Vor jedem Trainingsbeginn darf sich das Kind einen Preis aussuchen. Die Preise sollen aber nur in seltenen Fällen materieller Art sein, an erster Stelle stehen gemeinsame Aktivitäten, Geschichten erzählen... Nach jedem kleinen Erfolg zeigen Sie dem Kind, daß Sie sich freuen. Gehen Sie auf die schwierige Situation des Umlernens ein, ermutigen Sie das Kind. Schaffen Sie im gemeinsamen Gespräch eine Atmosphäre der Geborgenheit. Dann wird sich Ihr Kind seinen Kummer von der Seele reden. Das vereinbarte Ziel ist, bestimmte Intervalle auch ohne Hilfe von Zeichen durchzuhalten. Die Verstärker werden also immer seltener eingesetzt, bis man ganz auf sie verzichten kann.

Wenn Ihr Kind allgemein unsicher ist, wenn es leicht in Anspannung gerät, dann führen Sie über längere Zeit ein »Sternchenheft«, in das Sie täglich aufbauende, anerkennende, liebevolle Bemerkungen über das Kind eintragen, die Sie ihm allabendlich vorlesen (siehe Seite 18).

Mit einem sehr nervösen Kind sollten Sie Kurse für autogenes Training aufsuchen oder andere Entspannungsübungen (zum Beispiel »Progressive Muskelentspannung« von E. Jacobson) durchführen.

Wenn Ihr Kind bettnäßt

»Die Prinzessin Hosennaß«

Evi macht nachts noch ins Bett. Sie hat das niemandem erzählt, weil sie sich dafür geniert. Es passiert ihr nicht jede Nacht. Hie und da ist das Bett am Morgen trocken, manchmal der nasse Fleck kleiner und dann aber wieder das ganze Bett patschenaß. Die Mutti ist deshalb mit ihr schon bei einem Doktor gewesen. Der hat gesagt, daß sie ganz gesund sei. Niemand kann ihr erklären, warum sie das macht. Doch eines Tages erzählt die Kindergärtnerin eine Geschichte:

Vor langer Zeit lebten in einem herrlichen Schloß ein König, eine Königin und die Prinzessin. Die Prinzessin war ein sehr schönes Mädchen mit goldenen Locken. Alle verwöhnten sie, und die Aufmerksamkeit des ganzen Hofes galt nur ihr. Doch das änderte sich mit einem Schlag, als der Prinz auf die Welt kam. Für die Prinzessin hatte man nur wenig Zeit, denn alle mußten sich um den hochwohlgeborenen Popo des Prinzen kümmern, wenn seine Windeln voll waren.

Die Prinzessin mochte den kleinen Bruder nicht besonders leiden. Sie war richtig eifersüchtig auf ihn. Einmal träumte die Prinzessin, sie wäre auch noch so ein kleines Baby wie der Prinz. Sie träumte, wie sie in der Wiege geschaukelt wurde, wie man sie fütterte und hätschelte. Als sie aufwachte, lag sie in einem nassen Bett.

Das war eine Sensation! Die Kammerjungfrau erzählte es der Hofdame, die Hofdame dem Pagen, der Page dem Lakai, der Lakai dem Minister, der Minister dem König und der König der Königin. Alle stürmten aufgeregt in das Gemach der Prinzessin. Eine Prinzessin, die ins Bett macht! Die Prinzessin schämte sich anfangs sehr, doch dann gefiel es ihr ganz gut, endlich wieder im Mittelpunkt des Schlosses zu stehen.

Das ging nun einige Nächte so. Die Königin war sehr besorgt. »Die Prinzessin wird doch nicht krank sein?« fragte sie den König. Da die Prinzessin nicht aufhörte, das seidene Bett naß zu machen, rief das Königspaar seinen Leibarzt. Der konnte aber keine Krankheit feststellen.

Jetzt begannen sich der König und die Königin für ihre Prinzessin zu genieren. Sie versuchten, der Prinzessin gut zuzureden, ermahnten sie, ja schimpften sogar – nichts half. Da wurden sie der langen Reden bald überdrüssig, nahmen es als unabwendbares Übel auf und kümmerten sich nicht mehr besonders darum. Auch die Hofleute gewöhnten sich bald daran, daß ihre Prinzessin ins Bett machte. Hie und da hörte man noch jemanden sagen: »Eine Prinzessin, die ins Bett macht, hat es noch nie gegeben. So eine Schande!«

Die Prinzessin, die sich anfangs über so viel Aufmerksamkeit gefreut hatte, wurde nun immer trauriger. Sie ärgerte sich über diese dumme Gewohnheit und versuchte aufzuhören, aber es gelang ihr nicht. Eines Tages hörte sie zufällig, wie ein kleiner, frecher Stallbursche sie als »Prinzessin Hosennaß« bezeichnete. Das war ihr zuviel: »Jetzt spottet schon das ganze Schloß über mich. Niemand sagt mehr wie früher: ›Seht, dort geht die schöne Prinzessin Goldhaar.‹ Es wird mir ohnehin nicht mehr gelingen, daß mein Bett trocken bleibt. Am besten laufe ich davon.«

Sie beschloß also, das Schloß zu verlassen. Das war wirklich dumm von der Prinzessin. Trotzig dachte sie: »Die Eltern haben den kleinen Prinzen ohnedies lieber, ich werde ihnen nicht sehr fehlen.« Da täuschte sie sich aber gewaltig. Auch wenn der König und die Königin nicht mehr so viel Zeit für die Prinzessin fanden, so hatten sie sie doch fest in ihr Herz geschlossen und überaus lieb.

Die Prinzessin wanderte tief in den Wald hinein, bis sie den Weg nicht mehr kannte. Sie bereute schon längst, davongelaufen zu sein, aber sie fand nicht mehr ins Königsschloß zurück. Die Prinzessin seufzte: »Ach, wie sehr sehne ich mich nach der weichen Stimme der Königin und nach dem brummigen Ton des Königs.« Erschöpft ließ sie sich auf einem Moosbett nieder und schlief ein. Um zu erfahren, wie es mit der Prinzessin weiterging, mußt du noch ein bißchen Geduld haben. Es gibt nämlich noch jemanden in der Geschichte, den du noch gar nicht kennst:

Nicht weit vom Schloß wohnte der kleine Peter. Peter liebte seine Eltern sehr und wußte auch, daß sie ihn von Herzen mochten. Er war nur traurig, weil sie so wenig Zeit für ihn hatten.

Eines Tages wurde Peter krank, er bekam einen Blasenkatarrh.

Die Mutter war sehr besorgt um ihn. Sie kochte ihm einen besonderen Tee und legte ihm eine Wärmeflasche auf den Bauch. Das tat Peter sehr wohl.

Die Erkältung war bald geheilt, doch wie verflixt, Peter machte seit seiner Krankheit nachts ins Bett. Die Mutter dachte, daß vielleicht der viele Tee daran schuld gewesen sei, und gab dem Jungen fortan am Abend nichts mehr zu trinken. Doch nichts half. Der Doktor meinte: »Der Blasenkatarrh ist ausgeheilt. Peter ist gesund.« Bald wurde die Mutter ungeduldig und schimpfte: »Ich habe ohnehin schon genug Arbeit, und jetzt muß ich wegen dir fast jeden Tag die Bettwäsche waschen!«

Als die Mutter am Morgen wieder einmal verärgert über das nasse Bett die Wohnung verließ, wurde Peter trotzig. »Ich kann doch nichts dafür! Ich mache doch nicht absichtlich ins Bett! Ich bin selbst traurig darüber! Wenn Mutti schimpft, daß ich ihr so viel Arbeit mache, dann gehe ich ganz einfach weg.« Gesagt, getan, und Peter machte sich auf den Weg.

Nach einiger Zeit gelangte er in einen Wald. Es war derselbe Wald, in dem sich unsere Prinzessin verirrt hatte. Peters Trotz war schon verflogen. Verzagt dachte er: »Ach, wie tut es mir leid, so unüberlegt gehandelt zu haben! Was macht wohl die Mutter. Sie hat mich doch so lieb.«

Ganz in Gedanken vertieft, schaute er gar nicht auf den Weg. Hoppla – beinahe wäre er auf die Nase gefallen. »Na so was, was ist denn das?« staunte er. »Das kann doch kein Waldtier sein. Da liegt ja ein schmutziges Mädchen!« Peter überlegte: »Was tut denn ein Mädchen so allein im Wald? Ist ihm etwas passiert?« Er wagte nicht, das Mädchen aufzuwecken. Doch just in diesem Augenblick lief ein kleiner Krabbelkäfer über die Nase der Prinzessin. Sie mußte niesen und erwachte.

Die Prinzessin war sehr froh, einem Menschen zu begegnen, noch dazu einem Jungen, der ungefähr im gleichen Alter war. Sie hatte sich doch recht einsam gefühlt. Peter gefiel der Prinzessin sehr und die Prinzessin Peter. Beide riefen zu gleicher Zeit: »Was machst denn du so allein im Wald?« Da mußten sie lachen und wurden sogleich gute Freunde. Die Prinzessin erzählte Peter ihre Geschichte. Als er erfuhr, daß das Mädchen eine richtige Prinzessin war, konnte er es gar nicht glauben: »Schön ist sie zwar wie eine Prinzessin, aber so schmutzig – nein, so schmutzig kann keine Prinzessin sein!«

Peter war höchst erstaunt, als er hörte, warum die Prinzessin weggelaufen war: »Uns ist es ja ganz ähnlich ergangen! Und ich dachte schon, ich sei das einzige Kind auf der Welt mit einer komischen Krankheit, die keine Krankheit ist.« Die Prinzessin lachte: »Ich habe auch geglaubt, ich sei die einzige. Ich habe mich so geschämt, noch dazu, weil ich eine Prinzessin bin.« »Ich bin zwar kein Prinz, aber geschämt habe ich mich doch«, sagte Peter. Jetzt wurden sie wieder traurig. Sie sehnten sich zwar nach Hause, aber sie wollten sich auch nicht mehr schämen müssen. »Ach, wenn uns doch jemand helfen könnte! Es muß doch ein Mittel geben, das uns hilft, nicht mehr ins Bett zu machen!« Hand in Hand, mit gesenkten Köpfen wanderten sie weiter.

Plötzlich standen sie vor einer kleinen Wiese. Ein herrlicher Duft strömte ihnen entgegen. »Was riecht denn da so gut? Es duftet nach tausend Rosen, nach hundert Fliederbüschen und nach süßem Honig! Komm, laß uns nachschauen, woher dieser herrliche Geruch kommt!« sagte Peter. Ganz benommen von diesem Duft folgte ihm die Prinzessin. Doch sie entdeckten nur einige unscheinbare Blumen. »Die sollen so herrlich riechen?! Das müssen ja ganz besondere Blumen sein!« riefen die Kinder.

Auf einmal wehte ein sanfter Wind. Die Blumen wiegten ihre Köpfchen und begannen mit zarten Stimmchen zu singen:

> Wir helfen dem, der Kummer hat
> mit jedem kleinen Blütenblatt.
> Am Abend, wenn ins Bett ihr steigt,
> die Blume euch ein Sprüchlein zeigt.
> Der Zauberspruch, der hilft geschwind,
> daß trocken eure Betten sind.
> Wenn ihr des Morgens früh erwacht
> und habt das Bett nicht naß gemacht,
> pflückt ab ein duftend Blättelein.
> Es soll euch Lohn und Freude sein.

Der Wind hörte auf zu wehen und die Blümchen standen wieder ganz ruhig auf ihren Plätzen.

»Ja, gibt's denn so was?! Hast du das auch gehört, oder hab' ich geträumt?« fragte Peter die Prinzessin. »Die Blumen haben wirklich gesungen. Stell dir vor Peter, jetzt wird uns geholfen.

Wir müssen nur ganz fest daran glauben. Komm, laß uns eine Wunderblume pflücken.« »Hurra!« rief Peter. »Jetzt wird es kein nasses Bett mehr geben! Ich nehme mir das ganz fest vor. Wir dürfen aber nicht vergessen, den Zauberspruch vor dem Einschlafen zu sagen. – Aber, wie geht denn der Zauberspruch? Das wissen wir ja gar nicht. Oje!« Die Prinzessin tröstete Peter: »Ich glaube, die Blumen haben gemeint, wir werden den Zauberspruch schon noch erfahren. Warte ab, bis wir zu Hause sind. Beeilen wir uns lieber, suchen wir den Weg nach Hause. Ich kann es schon gar nicht mehr erwarten, die herrlich duftende Wunderblume auszuprobieren. Ich bin ganz sicher, daß ich nicht mehr ins Bett machen werde. Die Eltern werden glücklich sein.«

Schon nach einer kurzen Weile gelangten die Kinder an den Waldrand. An der Straße standen zwei Wegweiser. Der eine wies nach rechts: »Zum Schloß«. Der andere nach links: »Zur Stadt«. Jetzt hieß es Abschied nehmen. »Peter, du bist ein so lieber Freund. Wir müssen einander oft besuchen. Außerdem interessiert mich ja, bei wem der Zauberspruch schneller gewirkt hat. Leb nun wohl, ich möchte keine Zeit mehr verlieren. Ich freue mich schon so auf zu Hause!« Und schon eilte die Prinzessin rechts die Straße hinauf. Peter winkte ihr noch lange nach, dann ging er nach links die Straße hinunter.

Bei Peter zu Hause und im Schloß herrschte große Wiedersehensfreude. Beide Kinder hatten ein schlechtes Gewissen, als sie merkten, wie sehr sie ihre Lieben in Angst und Sorge versetzt hatten.

Als die Kinder müde ins Bett gingen, erfüllte sich der Raum mit dem herrlichen Duft der Blume. Plötzlich wußten sie den Zauberspruch:

> Wunderblume, sei so nett,
> hilf, daß trocken bleibt
> das Bett.

Sie sagten ihn sich immer wieder vor, so lange, bis sie einschliefen.

Am nächsten Morgen stellte die Prinzessin erfreut fest, daß das Bett tatsächlich trocken war. Sie sagte sich nun jeden Abend den Zauberspruch vor und pflückte jeden Morgen, wenn das

Bett trocken geblieben war, ein Blütenblatt, das ihr Gemach mit herrlichem Duft erfüllte. Mehr und mehr Nächte blieb das Bett trocken, und die Prinzessin war glücklich.

Bald waren alle Blütenblätter abgepflückt, und der Duft verlor sich langsam. Aber die Hilfe der Wunderblume war ja nun nicht mehr nötig. Die Prinzessin schaffte es schon alleine, nicht mehr ins Bett zu machen. Der König und die Königin und der ganze Hofstaat waren sehr stolz auf die Prinzessin. Keiner im Schloß nannte sie mehr »Prinzessin Hosennaß«.

Ähnlich erging es Peter. Auch er sagte sich zu Beginn jeden Abend ganz laut und deutlich den Zauberspruch vor. Wenn das Bett am Morgen trocken war, brach er gemeinsam mit seiner Mutter ein duftendes Blütenblatt ab. Passierte es einmal, daß er trotzdem ins Bett machte, was natürlich am Anfang noch ab und zu vorkam, schimpfte die Mutter nicht mehr, da sie wußte, daß es von nun an immer besser werden würde. Sie war jedesmal glücklich, wenn Peter es geschafft hatte, nicht ins Bett zu machen, und zeigte ihm deutlich, wie sehr sie sich freute. Nach drei oder vier Wochen hatte auch er alle Blütenblätter abgebrochen. Er brauchte sie nicht mehr. Die Prinzessin und Peter blieben weiterhin gute Freunde.

Nachdem Evi diese Geschichte gehört hat, will auch sie so eine Wunderblume haben. Sie nimmt ein großes Zeichenblatt und malt darauf einen Stengel mit grünen Blättern. Darüber zeichnet sie einen großen gelben Punkt, die Mitte des Blumenkopfes. Dieses Zeichenblatt hängt sie über ihrem Bett auf. Und wirklich, der nasse Fleck wird mit Hilfe der Blume und des Zauberspruchs immer kleiner, die Nächte, in denen Evi trocken bleibt, immer zahlreicher. Jeden Morgen, wenn das Bett trocken ist, malt sie ein Blütenblatt dazu. Mit jedem neuen Blatt wird die Blume schöner. Evi ist sehr stolz auf sich. Sie hat auch allen Grund dazu, bestätigt die Mutti, die sich sehr mit Evi freut und mit Lob nicht spart. Als die Blume schließlich ganz fertig ist, macht es Evi keine Schwierigkeiten mehr, trocken zu bleiben. Nur noch ganz selten nimmt sie den Zauberspruch aus dem Märchen zu Hilfe. Und bald wird sie auch ihn nicht mehr brauchen.

Was Eltern dazu wissen müssen

Bevor Sie irgend etwas selbst unternehmen, müssen Sie das Kind unbedingt von einem Facharzt und einem Psychologen untersuchen lassen!

In unserer Geschichte werden zwei Ursachen des Bettnässens aufgezeigt, die keine organische Grundlage haben und häufig auftreten:

Im Falle der Prinzessin kommt es zum Einnässen sowohl durch den plötzlichen Verlust von Zuwendung, die sich nun auf das Baby konzentriert, als auch durch Modellernen: Sie erlebt, daß um das Baby beim Wechseln der Windeln viel Aufhebens gemacht wird. Nun begehen Eltern und Dienerschaft einen großen Fehler: Die Prinzessin wird wieder zum Mittelpunkt gemacht. Alle schenken dem Einnässen massive Beachtung, gehen aber nicht auf die Probleme des Kindes ein.

Bei Peter ist es ein allgemeiner Mangel an Zärtlichkeit und Fürsorge, die ihm die überlastete Mutter nicht im gewünschten Ausmaß geben kann. Als er durch seinen Blasenkatarrh erlebt, daß er all das erhält, nach dem er sich bisher gesehnt hat, wird das Einnässen, auch als er wieder gesund ist, zu einem angenehmen Erfolgserlebnis.

Natürlich setzen Kinder das Einnässen nicht bewußt als Mittel zum Zweck ein. Es wird in vielen Fällen durch das Erhalten sowohl von positiver als auch negativer Zuwendung automatisch erlernt.

Wenn Ihr Kind einzunässen beginnt und der Kinderarzt Ihnen bestätigt, daß es sich um keine physiologisch bedingte Ursache handelt, sollten Sie vorerst beobachten:
– Welche Probleme könnte das Kind haben?
– Wie reagieren Sie auf das Einnässen?
– Wie oft näßt es ein?
– Wie groß ist der nasse Fleck?
– Was hat sich am Tag vor dem Einnässen abgespielt?

Haben Sie das Problem des Kindes erkannt, so braucht es primär Ihre Hilfe, das heißt Gespräche, gemeinsame Spiele, jede Art von positiver Zuwendung, ohne daß Sie unmittelbar auf das Einnässen reagieren. Sie könnten Ihr Kind zum Beispiel auf folgende Art motivieren:

»Ich kann mir vorstellen, daß du gern dein Bett trocken hättest. Wahrscheinlich ist es dir unangenehm, so oft im Nassen zu liegen. Wir könnten gemeinsam versuchen, daß es dir ebenso wie den Kindern in der Geschichte gelingt, trocken zu werden. Wie wäre es, wenn wir so eine Wunderblume zeichneten? Am Abend vor dem Einschlafen denkst du, wie die Prinzessin und wie Peter, fest an den Zauberspruch. Wenn der Zauberspruch gewirkt hat, können wir gleich am Morgen das erste Blütenblatt der Wunderblume bunt anmalen. Es kann natürlich vorkommen, daß der Zauberspruch nicht sofort wirkt. Das macht nichts. Wir sprechen dann gar nicht darüber und wechseln schnell die Bettwäsche. Wenn du ihn dir jeden Abend vor dem Einschlafen weiterhin vorsagst, wird er dir sicher bald helfen. Es ist auch ein Erfolg, wenn der nasse Fleck in deinem Bett kleiner ist als sonst. Dann malst du ein kleines grünes Stengelblatt auf deiner Wunderblume an. Jedesmal, wenn du etwas angemalt hast, ein Blüten- oder ein Stengelblatt, zeigen wir es stolz der ganzen Familie. Wir werden uns alle gemeinsam darüber freuen.«

Es soll also bereits bei jedem kleinen Erfolg dem Kind viel Zuwendung, Vertrauen in das Gelingen und Ansporn gegeben werden. Die Mißerfolge bleiben unbeachtet! Der »Zauberspruch« festigt das Vertrauen in ein baldiges Gelingen. Das kindliche Gehirn speichert die Information »trocken«, so daß sie auch im Tiefschlaf Wirkung erzielt.

Nicht vergessen: Trotz dieses Trainingsvorschlages soll ein Fachmann konsultiert werden.

Wenn Ihr Kind stottert

»Florian und die Spechtsprache«

Florian ist fünf Jahre alt, oder besser gesagt, er wird bald sechs. Nächstes Jahr soll er bereits in die Schule gehen. Im Kindergarten zählt er schon zu den Großen. Er wohnt mit seinen Eltern und der kleinen Schwester in einer kleinen Stadt. Von seinem Zimmerfenster aus kann er den großen Wald sehen. Florian könnte ein glücklicher und lustiger Junge sein und viele Freunde haben. Aber Florian ist meistens alleine und traurig.

Begonnen hat alles erst im Kindergarten. Florian ging anfangs sehr gerne hin. Die vielen Kinder, die liebe Tante und die schönen Spielsachen gefielen ihm gut. Doch inzwischen hat sich viel geändert. Er spricht kaum mit der Kindergärtnerin und mit den anderen Kindern und ist meistens traurig oder böse. Warum?

Florian stottert. Er war noch nicht ganz vier Jahre alt, da wollte er seinen Eltern immer aufgeregt erzählen, was er gerade gesehen oder erlebt hatte. In seiner Aufregung wollte er schnell viele Gedanken auf einmal erzählen, und dabei holperte und stolperte er beim Reden und brachte oft kein Wort hervor. Er hätte es nicht einmal bemerkt, und es störte ihn auch nicht. Er verstand nicht, was die Eltern meinten, wenn sie ihn immer wieder ermahnten, doch langsam zu sprechen, sich beim Sprechen Zeit zu lassen. Manchmal wurden die Eltern sogar ungeduldig und meinten, Florian solle doch beim Sprechen besser achtgeben. Leider hatten die Eltern wenig Zeit; da war auch noch die kleine Schwester, die gar nichts alleine machen konnte und der die Eltern immer wieder helfen mußten.

Mit vier Jahren durfte Florian dann endlich in den Kindergarten. Jedes Kind solle eine kleine Geschichte erzählen, meinte die Kindergärtnerin. Als Florian an die Reihe kam, lachten die anderen Kinder. Erst als die Kindergärtnerin die Kinder ermahnte und Florian aufforderte, langsam zu sprechen, merkte Florian, daß er ausgelacht wurde. Die Kinder spotteten: »Der stottert ja! Der kann ja gar nicht richtig reden.«

Von nun an traut sich Florian immer weniger zu sprechen. Er will ja nicht mehr ausgelacht werden! Zu Hause schaut Florian lieber aus dem Fenster, hinauf in den Wald, als mit seinen Eltern zu plaudern. Mit seiner Schwester kann und will er nicht spielen, die ist ja auch für nichts zu gebrauchen. Wenn Besuch kommt, sind alle begeistert über das kluge, liebe Mädchen, das freundlich mit den Gästen plappert. Florian findet es gar nicht so interessant, sich von den Erwachsenen ausfragen zu lassen, und antwortet lieber gar nicht. Die Eltern lächeln dann immer ein bißchen verlegen, und man wendet sich wieder seiner Schwester zu.

Als Florian wieder einmal aus dem Fenster sieht, um den Wald zu betrachten, erscheint ihm der Wald plötzlich verändert. Nicht mehr so mächtig und geheimnisvoll wie früher; die großen Tannen sind ihm vertraut wie Freunde. »Freunde, ja das ist es, was ich brauche!« denkt Florian. »Der Wald ist immer da für mich und hat mich noch nie ausgelacht. Ja, er ist mein Freund!«

So geht Florian jeden Tag seinen Freund den Wald besuchen. Er gibt den Tannen Namen: Da ist die dicke Paula, die alte Resi, die große Flora und noch viele andere. Wenn du meinst, im Wald sei es still, dann täuschst du dich! Florian entdeckt viele Stimmen und Geräusche: das Rauschen der Bäume, das Summen der Insekten, das Zwitschern der Vögel, das Knacken der Äste und ein Klopfen. Dieses Klopfen kommt vom Specht, der seinen Jungen zeigt, wie man aus der Baumrinde die köstlichsten Maden und Würmer herausholen kann. Bei den Jungen hört sich das Klopfen noch etwas zaghaft an. Es gefällt Florian, und er ahmt die Spechtjungen nach: Tic-Tic-Tic, Toc, Toc, Toc, Toc. Da kommt ihm eine Idee: »Ich werde eine Spechtsprache erfinden!« Und so begrüßt er die Tannen in seiner »Spechtsprache«. In gleichmäßigen Abständen spricht er abgehackt im Takt: »Gu-ten Mor-gen lie-be Pau-la! Gu-ten Mor-gen lie-be Re-si! Gu-ten Mor-gen lie-be Flo-ra! Gu-ten Mor-gen al-le mei-ne lie-ben Freun-de! Ich will Euch ger-ne was er-zählen. Wollt Ihr mei-ne Ge-schich-ten hö-ren?«

Florian findet es sehr lustig, in seiner Spechtsprache zu sprechen. So plaudert er mit den Tannen und erzählt ihnen alles. Die Tannen sind aufmerksame Zuhörer, sie haben immer Zeit, werden nie ungeduldig und lachen Florian weder aus noch ermahnen sie ihn, langsamer zu sprechen. Letzteres wäre ohnehin nicht mehr notwendig gewesen, da Florian in der Spechtsprache sowieso langsamer sprechen muß.

Was ich dir noch nicht verraten habe: In Florians Spechtsprache kann man gar nicht stottern. Man muß sie aber gut üben, so wie Florian, der jeden Tag seinen Tannen Geschichten erzählt. Die »Spechtsprache« ist ziemlich schwierig, da man immer schön im Takt sprechen muß. Aber was Florian kann, kannst du sicher auch!

Anfangs hatte Florian schon noch Schwierigkeiten, manche Buchstaben herauszubekommen. Doch da es sich ja, wie bereits erwähnt, um sehr geduldige Tannen handelte, die Florian weder verbesserten noch ihm ins Wort fielen, gelingt ihm das Sprechen immer besser. Zu Hause erwähnt er nichts von seinen täglichen Gesprächen mit den Tannen. Sie sollen sein Geheimnis bleiben. Doch hie und da, wenn ihm das Reden wieder einmal schwerfällt, weil ein Wort so gar nicht heraus will, spricht er den Satz in seiner Geheimsprache. Ganz langsam und immer im Takt. Und wirklich, es funktioniert.

Den Eltern fällt es gar nicht auf, daß Florian diesen Trick anwendet. Sie merken nur, daß ihr Junge nun viel mehr plaudert, daß er viel weniger stottert. Sie freuen sich sehr darüber und sind stolz auf ihren großen Jungen. Ihr Lob ist für Florian sehr wichtig. Er faßt Mut und unterhält sich sogar mit den Bekannten seiner Eltern. Er weiß ja, daß er sich auf seinen Trick, die geheime Spechtsprache, verlassen kann, um sie im Notfall anzuwenden.

Eines Tages nimmt er den Hörer ab, als das Telefon klingelt. Es ist ein Nachbar, der dem Vater eine wichtige Nachricht hinterlassen will. Er bittet Florian, dem Vater alles genau mitzuteilen. Florian erzählt seinem Vater ganz genau, was ihm der Nachbar aufgetragen hat. Der Vater ist sehr zufrieden und sagt: »Wie gut, daß wir so einen klugen Jungen haben! Du bist uns schon eine große Hilfe.« »Das hätte meine kleine Schwester nicht gekonnt«, denkt Florian zufrieden.

Da Florian ein treuer Junge ist, vergißt er seine Freunde nicht. Nach wie vor besucht er die Tannen und erzählt ihnen Geschichten. Die Spechtsprache aber braucht er nur mehr selten, bei ganz schwierigen Wörtern anzuwenden.

Was Eltern dazu wissen müssen

Viele Kinder beginnen im vierten Lebensjahr plötzlich zu stottern. In diesem Alter ist das Kind sprechfreudig geworden und möchte viele Dinge auf einmal zum Ausdruck bringen. Da die sprachliche Kompetenz jedoch mit Gedankenfülle und Sprechlust nicht mithalten kann, ist das Stottern in dieser Phase eine Entwicklungserscheinung, die, falls sich die Eltern richtig verhalten, bald wieder abflauen wird.

Als prinzipielles Gebot gilt, einem stotternden Kind stets geduldig zuzuhören und es nie zu unterbrechen. Es wäre auch falsch, für das Kind das Wort zu beenden. Um das Sprechtempo zu steuern und dem Kind ein alternatives Sprechverhalten anzubieten, ist es sinnvoll, gemeinsam mit dem Kind Verse oder kurze Gedichte aufzusagen. Es wird dadurch mehr Sicherheit beim Sprechen erlangen.

In diesem Alter bemerkt das Kind vorerst noch gar nicht, daß es stottert. Tadelt oder ermahnt man es jedoch aufgrund seines Sprechens, fühlt es nur die Ungeduld der Erwachsenen, wird unsicher und nervös, und stottert noch mehr. Auch Konfliktsituationen, persönliche Probleme wie Eifersucht, das Gefühl benachteiligt oder überfordert zu werden und schließlich die unausbleiblichen Reaktionen der Umwelt (Kindergarten, Schule) können das Kind soweit irritieren, daß aus dem entwicklungsbedingten Stottern eine dauernde Sprechunsicherheit wird. Nun genügt es nicht mehr, den Sprechfehler zu ignorieren und gemeinsam langsames Sprechen zu üben. Denn es besteht die Gefahr, daß das Schulkind, bedingt durch die Sprechunsicherheit, noch zusätzlich soziale Ängste erwirbt, zum Beispiel Hemmungen entwickelt, einkaufen zu gehen, Angst vor dem Telefonieren hat, nicht mehr mit weniger guten Bekannten oder Fremden sprechen will usw.

Das Kind bedarf einer geborgenen Atmosphäre, in der es sich von der Familie in seiner Gesamtpersönlichkeit angenommen und anerkannt fühlt. Sie müssen offen mit dem Kind über seine Probleme sprechen! Auch wenn das Kind anscheinend sein Stottern nicht bemerkt, es also bewußt negiert, oder wenn es behauptet: »Ich hab' mich schon an das Stottern gewöhnt, es macht mir fast nichts aus!« In diesen Fällen vermeiden die Eltern meist peinlichst, über das Stottern zu sprechen, als würde es sich um einen Makel handeln.

Wie könnte so ein offenes Gespräch mit dem Kind geführt werden?

»Du hast oft Schwierigkeiten, ein Wort herauszubekommen. Ich kann mir vorstellen, daß es dich stört, wenn du stotterst. Sicher hat es schon einige dumme Kinder oder Leute gegeben, die sogar darüber gelacht haben. Wahrscheinlich war das sehr unangenehm für dich. Nicht wahr?« (Verständnis für die Situation des Kindes und Gefühle ansprechen)

»Wenn du willst, könnten wir gemeinsam einen Weg finden, um dir beim Sprechen zu helfen. Wir könnten von nun an zu Hause stotterfreies Sprechen üben, so lange, bis du dann vor den anderen genausogut sprechen wirst. Die werden dann aber staunen!« (Hilfe anbieten, Zuversicht geben)

»Wir suchen uns jeden Tag eine bestimmte Zeit aus, in der wir es uns besonders gemütlich machen. Dann beginnen wir mit der ›Spechtsprache‹. Falls es dir schwerfällt, im Takt zu sprechen, nehmen wir ein Metronom zu Hilfe. Das ist ein Gerät, das Kinder beim Klavierspielen verwenden. Du wirst die ›Spechtsprache‹ sicher bald erlernen! Wenn du das Taktsprechen bereits besser kannst, versuchen wir die ›Spechtsprache‹ ohne Metronom. Jeden Tag üben wir eine Weile. Wir könnten diese Übungen aber auch lustiger gestalten. Wenn du willst, machen wir ein Spiel daraus: Für jeden richtigen Satz gewinnst du eine Spielmarke. Am Ende jeder Übung schreiben wir in ein ›Erfolgsblatt‹ die Anzahl deiner gewonnenen Spielmarken auf. Ich bin schon neugierig, wieviel du gewinnen wirst!« (Erklärung des Trainingsverlaufs und Motivation)

Jeder Erfolg muß mit einer Spielmarke honoriert und sofort lobend hervorgehoben werden. Gelingt dem Kind bereits das stotterfreie Sprechen im Takt, lassen Sie es in der Übungssituation einen oder einige Sätze ohne Takt sprechen. Vor dieser Übung bestimmt das Kind ein neutrales Zeichen (Klopfsignal oder Fingerzeichen, aber keine verbale Äußerung!), das eingesetzt wird, wenn es beim freien Sprechen wieder zu stottern beginnt. Das Zeichen gilt als Signal, daß das Kind sofort vom freien Sprechen wieder in das Taktsprechen übergehen soll, um so das Stottern zu verhindern.

Die Anzahl der Sätze und die Häufigkeit des freien Sprechens werden konstant mit dem Erfolg erhöht, bis in der Übungssituation kaum mehr ein Taktsprechen notwendig ist. Der Spielcharakter des Trainings (Spielmarken, Lob, Eintragung in das »Erfolgsblatt«) soll bestehen bleiben.

Hat das Kind durch diese Übungen bereits eine gewisse Sprechsicherheit und Selbstvertrauen gewonnen, können Sie von den Trainingssitzungen absehen. Das Spiel wird jedoch, in etwas anderer Form, noch einige Zeit hindurch fortgesetzt. Die Übungssituationen erstrecken sich nun über mehrere Tagesabschnitte:
– Sprechen während des Frühstücks
– Sprechen während des Mittagessens
– Sprechen am Nachmittag
– Sprechen während des Abendessens

Das Kind erhält jetzt keine Spielmarken mehr, verstärkendes Lob ist jedoch nach wie vor wichtig. Sobald es wieder zu stottern beginnt, geben Sie das vereinbarte Zeichen, damit das Kind wieder kurz im Takt spricht. In einem neuen »Erfolgsblatt« werden diese vereinbarten Tagesabschnitte eingetragen. Die Intervalle werden später erweitert, bis Sie bereits den ganzen Tag als stotterfrei verzeichnen können. Das Erfolgsblatt wird nun überflüssig. Wiederholtes Lob und das Gefühl, daß Sie sich über sein gutes Sprechen freuen, braucht das Kind noch längere Zeit hindurch. Trotz dieses Trainingsvorschlages ist es jedoch ratsam, einen Fachmann aufzusuchen.

Wenn Ihr Kind nicht essen will

»Die gefräßige Maus«

Bettina stochert im Essen herum. Den Bissen im Mund schiebt sie von einer Backe in die andere.

Die Mutter: »So iß doch endlich!« Bettina: »Ich mag nicht!«
Die Mutter: »Was auf den Tisch kommt, wird gegessen.« Bettina: »Ich kann nicht mehr!«
Die Mutter: »Soll ich dich vielleicht noch füttern, wie ein Baby? Na komm. Ein Bissen für die Mama... So schluck doch schon!« »Ich kann nicht, ich kann nicht!« weint Bettina und läuft in ihr Zimmer. Da hört sie plötzlich ein Geräusch.

>   Schnupper, schnupper, fiep, fiep, fiep.
>   Ich bin die Maus und hab dich lieb.
>   Ich will nicht, daß du traurig bist
>   und viele Tränen nun vergießt.

Bettina ist ganz begeistert von der süßen Maus. »Ja, wo kommst du denn her?«

>   Wir wohnen lange schon im Haus.
>   Der Vater, Kind und Mama Maus.
>   Wir wissen, daß du nicht gern ißt,
>   was deine Eltern sehr verdrießt.
>   Wenn du das Essen gar nicht magst,
>   es einfach deinem Mäuschen sagst.
>   Ich komme dann und helf dir schnell,
>   husch aus dem Loch und bin zur Stell'.
>   Schnupper, schnupper, fiep, fiep, fiep.
>   Ich bin die Maus und hab dich lieb.

Und so schnell die herzige Maus gekommen ist, so schnell ist sie auch wieder in ihrem Mauseloch verschwunden. Bettina ist nun schon sehr neugierig, wie die Maus ihr wohl helfen werde. Sie kann es gar nicht mehr erwarten, bis die Mutter zum Essen ruft.

Endlich ist es soweit. Das Abendessen steht auf dem Tisch. »Brrr«, schüttelt sich Bettina, »Käsebrote! Ich mag keinen

Käse«, und schon fängt das Theater von vorne an. Da hört Bettina wieder die feine Stimme.

> Schnupper, schupper, fiep, fiep, fiep.
> Ich bin die Maus und hab dich lieb.
> Den Käse nennst du einen Graus?
> So schenk ihn der Familie Maus.
> Mach kein so fragendes Gesicht.
> Der Käse ist mein Leibgericht.
> Wirf ihn mir unter diese Bank.
> Hm, riecht der gut! Hab vielen Dank.
> Schnupper, schnupper, fiep, fiep, fiep.
> Ich bin die Maus und hab dich lieb.

Am nächsten Tag gibt es zu Mittag Fisch. »Pfui, ich mag keinen Fisch!« Die Mutter meint streng: »Fisch ist gesund, iß nur, damit du groß und stark wirst.« »Ich mag aber nicht!«

> Schnupper, schnupper, fiep, fiep, fiep.
> Ich bin die Maus und hab dich lieb.
> Komm, wirf ihn unter diesen Tisch.
> Wir Mäuse wollen sogar Fisch.
> Schnupper, schnupper, fiep, fiep, fiep.
> Ich bin die Maus und hab dich lieb.

So geht es von nun an jeden Tag. Bettina ist froh, daß die Maus ihr hilft. Jetzt beginnt sich jedoch bereits der Hunger zu melden. Aber zum Glück gibt es ja Schokolade und Brote. Der Magen knurrt schon, deshalb geht Bettina in die Küche, um von den Broten zu naschen. Aber was ist das?! Es gibt keine mehr. Jemand muß sie stiebitzt haben. »Na, macht nichts. Ich hab' ja noch die Schokolade. Nanu, die ist auch weg!« Enttäuscht und sehr, sehr hungrig geht Bettina zu Bett. Sie kann gar nicht schlafen, der knurrende Magen weckt sie immer wieder auf.

Am nächsten Tag ißt Bettina schon etwas mehr, aber nach wie vor wirft sie der Maus die Bissen vor, die sie gar nicht mag.

Der Hunger wird immer größer: »Fein, daß Mutti heute Kekse eingekauft hat. Ich werde mir einige aus der Keksdose holen. Oh Schreck! Die ist ja leer!« Am Boden sind noch einige Brösel verstreut. Bettina geht der Bröselspur nach. Und siehe da, die Spur endet vor dem Mauseloch. »Das ist gemein!« ruft Bettina zornig. »Das also ist deine Hilfe! Und ich hab' mir gedacht, du seist eine liebe Maus. Ich hab' Hunger, Hunger, Hunger!«

>   Schnupper, schnupper, fiep, fiep, fiep.
>   Ich bin die Maus und hab dich lieb.
>   Ach Hunger hast du? Schau mal an.
>   Die Maus dich gut verstehen kann.
>   Sehr oft knurrt unser Mäusemagen.
>   Nun hör gut zu und laß dir sagen:
>   Ich helf dir wirklich. Schon seit Tagen
>   heb ich das Essen auf für dich.
>   Na ja, ein bißchen auch für mich.
>   Die Kekse kannst du gerne haben,
>   doch mußt du erst dich einmal laben
>   an Käse, Fisch, Spinat und Kohl.
>   Iß nur, dann fühlst du gleich dich wohl.
>   Wir Mäuse müssen es ja wissen.
>   Nimm immer nur ganz kleine Bissen.
>   Kannst du dann wirklich nimmer mehr,
>   hör auf, sonst plagst du dich zu sehr.
>   Doch Naschen, das laß lieber sein,
>   sonst kommt vielleicht ein Mäuselein,
>   das frißt dann alle guten Sachen.
>   Was wirst du ohne Essen machen?
>   Der Hunger ist ein schlimmer Wicht,
>   weil er dich schwach macht und dich sticht.
>   Auch dir kann Essen Freude sein,
>   wenn du nur denkst, ach, ist das fein,
>   es knurrt mir heute nicht der Magen,
>   und stolz kann ich's den Eltern sagen:
>   Ich hab gegessen brav fürwahr.
>   Jetzt darf ich spielen, Mama. Ja?
>   Und schon gehst du zur Tür hinaus
>   und spielst mit mir, der kleinen Maus.
>   Satt und gestärkt vom Essen nun,
>   kannst du gar schöne Sachen tun.
>   Schnupper, schnupper, fiep, fiep, fiep.
>   Ich bin die Maus und hab dich lieb.

Bettina erzählt das Erlebnis mit der Maus ihren Eltern. »Weißt du was?« sagen die Eltern fröhlich. »Wir helfen dir und der Maus. Jedesmal, wenn du weiterißt, rufen wir ›Bravo!‹ und legen eine Nuß für die Maus neben deinen Teller. Je mehr du ißt, desto mehr Nüsse kannst du deiner Freundin Maus mitbringen. Wenn du nicht alles aufessen kannst, dann schimpfen wir nicht mehr. Aber Naschen, so wie es auch die Maus gesagt hat, das gibt es nur, wenn du zu den Mahlzeiten genügend ißt.«

Was meinst du? Hat Bettina ihrer Maus viele Nüsse bringen können? – Natürlich, sogar sehr viele. Sie hat auch beim Essen nicht mehr herumgetrödelt. Denn sie hat ja gewußt, daß die liebe Maus auf sie wartet, um mit ihr lustige Spiele zu spielen.

Was Eltern dazu wissen müssen

Die Erziehung zur richtigen Nahrungsaufnahme beginnt schon im Babyalter. Das Kind soll zu regelmäßigen Zeiten, in ruhiger Atmosphäre, also nie in Hast und Eile, gefüttert werden. Nahrung, die das Kind nicht kennt, gibt man ihm in kleinen Portionen und nur dann, wenn es Appetit hat, also nicht, wenn es bereits gesättigt ist.

Weigert sich das Kind einmal zu essen, dann kein Aufhebens darum machen! Zeigen Sie nicht, daß Sie ärgerlich oder sogar besorgt sind. Wenn das Kind erlebt, wie wichtig Ihnen sein Essen ist, kann es eventuell seine Nahrungsverweigerung als Druckmittel gegen Sie einsetzen. Essen soll ein natürlicher Vorgang sein und als solcher bewertet werden.

Dabei gilt der Grundsatz: Essen *darf* man, man muß es nicht!

Ihr Kind hat, wie auch die Erwachsenen, das Recht, bestimmte Speisen abzulehnen. Wird es aber nun gezwungen, diese Speisen hinunterzuwürgen, entwickelt es bald eine Abneigung nicht nur gegen das betreffende Essen, sondern auch gegen ähnliche Speisen. Wenn das Kind keinen Hunger hat und zum Aufessen gezwungen wird, kann derselbe unerwünschte Effekt entstehen. Essen darf nie als Strafe erlebt werden!

Stochert das Kind lustlos im Essen herum, fordern Sie es weder auf, sich zu beeilen, noch rügen Sie es deswegen. Fragen Sie das Kind rein informativ, ob es weiteressen möchte. Wenn es verneint, nehmen Sie – so emotionslos wie möglich – den Teller weg. Quängelt nun das Kind nach einiger Zeit, daß es Hunger hat, geben Sie ihm keinen Extra-Happen und schon gar keine Naschereien. Weisen Sie es auf die nächste Mahlzeit hin. Das Kind muß einen Eßrhythmus erwerben. Es soll lernen, zu den Mahlzeiten die Nahrung aufzunehmen, die es braucht. Das Warten auf die nächste Mahlzeit ist keineswegs als negative Konsequenz einzusetzen, weil das Kind nicht aufgegessen hat. Geben Sie auch niemals dem Kind strafweise die Speisereste, die es stehengelassen hat. Auch hier würde die augenblickliche Abwehr zur Aversion werden.

Wenn das Kind unter Appetitlosigkeit leidet, muß man natürlich den Arzt aufsuchen. Gibt es keine physiologischen Ursachen und macht Ihr Kind trotzdem beim Essen Schwierigkeiten, dann besprechen Sie ein Programm mit ihm:

»Wir helfen dir wie in der Maus-Geschichte. Jedesmal, wenn du einen Bissen gegessen hast, legen wir dir auch etwas neben den Teller. Wenn du satt bist und gar nicht mehr kannst, brauchst du nicht fertigzuessen. Bei der nächsten Mahlzeit wird es schon besser gehen. Du weißt ja, Naschereien gibt es zwischendurch nicht. Nun, was sollen wir dir neben den Teller legen? Nüsse, wie in der Geschichte, werden wir nicht immer haben. Aber, wenn du willst, bekommst du jedesmal Spielsteine hingelegt. Und wir könnten eine kleine Maus basteln oder aufzeichnen, damit auch du deine kleine Freundin beim Essen hast. Die gewonnenen Spielsteine tauschen wir dann in Nüsse für die Maus um. Entweder wir formen Papiernüsse oder malen sie auf das Blatt mit der Maus. Was gefällt dir besser?

Warum dieser Aufwand? Das Kind soll die Eßsituation positiv erleben. Es wird zum Essen motiviert, aber nicht dazu gezwungen. Die Fortsetzung des Spiels nach den Mahlzeiten wirkt zusätzlich motivierend und fördert die Gemeinsamkeit in der Familie.

Wenn Ihr Kind nicht im Kindergarten bleiben will

»Gregor und sein Teddy«

»Mutti, bleib da, geh nicht fort!« weint Gregor. »Ich will nicht im Kindergarten bleiben.« Die Mutter versucht, ihn zu trösten: »Ich hole dich ja gleich wieder ab. Hier sind so schöne Spielsachen und viele liebe Kinder. Weine nicht. Da ist es doch viel lustiger als zu Hause.«

Aber Gregor sitzt nur in der Ecke und weint. Als die Mutter ihn wieder abholt, hat er überhaupt nicht gespielt. Am nächsten Tag weint er sogar schon zu Hause und während des ganzen Weges zum Kindergarten.

Gregor weiß noch nicht, wie schön es im Kindergarten sein kann und wie gern andere Kinder dort spielen. Weil er immer weint, bemerkt er nicht, daß es hier eine große Puppenecke mit einer Puppenküche gibt, dann eine Bausteinkiste mit großen, kleinen, roten, gelben, grünen und blauen Klötzen, Puzzles aus Holz, Rennautos und Lastwagen, verschiedene Malfarben, bunte Bilderbücher und noch viel mehr. Er sieht auch nicht, wie sich die Kinder freuen, wenn sie miteinander spielen, und hört nicht, welch schöne Geschichten die Kindergärtnerin erzählen kann.

Wieder daheim, will Gregor mit seinem Teddy spielen. Aber der Teddy macht ein trauriges Gesicht und brummt: »Laß mich. Ich finde alles so langweilig. Du spielst immer dasselbe. Du kennst ja gar keine lustigen Spiele.« Gregor ärgert sich über seinen Teddy und denkt: »Macht nichts, spiele ich eben mit meinen Bausteinen.« Aber die Bausteine purzeln durcheinander und lassen sich nicht aufstellen. Auch sie wollen nicht mehr mit Gregor spielen. Er sucht nun seine Farbstifte, um ein schönes Bild zu malen. Doch auch das gelingt ihm nicht. Die Farbstifte rutschen ihm aus der Hand, und er kann nicht einmal Kritzeleien machen. »Dann spiel' ich eben mit meiner Autobahn.« »Brmmm«, machen die Autos, aber die Räder wollen sich nicht drehen. »So, jetzt schau ich mir das Kinderprogramm im Fernsehen an.« »Zisch«, macht der Fernsehapparat, und kein Bild erscheint. Gregor hockt herum und weiß nichts mit sich anzufangen. »Vielleicht erzählt mir Mutti eine schöne Geschichte?« Aber seine Mutter hat viel zu tun und kann sich nicht mit ihm beschäftigen.

Als sie einkaufen geht, darf Gregor, dem schon sehr, sehr langweilig ist, mit. Auf dem Weg zum Geschäft trifft er Julia. Julia geht schon seit einigen Monaten in den Kindergarten. »Warum machst du denn so ein böses Gesicht?« fragt sie Gregor. »Ach, mir ist so langweilig. Ich habe nichts zum Spielen.« »Was? Du hast keine Spielsachen?« »Natürlich hab' ich welche«, sagt Gregor verlegen, »aber sie wollen nicht mit mir spielen.« »Na so was? Das versteh' ich nicht. Mir könnte das nicht passieren. Ich gehe nämlich in den Kindergarten«, meint Julia stolz. »Ich mag nicht in den Kindergarten gehen. Ich bin lieber zu Hause«, sagt Gregor trotzig. »Na, bist du aber dumm. Dort gibt es doch die schönsten Spiele. Kennst du vielleicht ›Der Plumpsack geht um‹ oder ›Laß die Räuber durchmarschieren‹ oder ›Blinde Kuh‹ oder ›Der Kaiser schickt Soldaten aus‹?« »Nein. Kann man die zu Hause spielen?« »Hahaha. Natürlich nicht. Das ist ja gerade das Schöne am Kindergarten, daß man nur dort so viele neue Spiele machen kann. Weißt du was, besuch mich einmal im Kindergarten, natürlich darfst du nicht wieder weinen. Wenn es dir nicht gefällt, kannst du ja wieder gehen.«

Den Teddy im Arm besucht Gregor am nächsten Tag Julia im Kindergarten. Die Mutter wartet draußen auf ihn. So hat er jetzt gar keine Angst. Er ist schon neugierig. Da staunt er, als er die vielen Spielsachen sieht. Gestern hat er ja vor lauter Tränen gar nichts von den schönen Dingen bemerkt. Die Kinder beginnen, aus Stoffresten lustige Puppen zu kleben. »Komm, mach mit!« fordert ihn Julia auf. »Wenn wir damit fertig sind, erzählt uns die Kindergärtnerin eine spannende Geschichte.« Da Gregor aber nur auf Besuch im Kindergarten ist, wird die Zeit zu knapp. Die Mutter kann nicht so lange auf ihn warten. »Schade«, flüstert Gregor dem Teddy zu, »ich wäre gern noch geblieben.« Der Teddy brummt zustimmend.

Zu Hause denkt Gregor an die liebe Kindergärtnerin und an die vielen Kinder. Was soll er nun mit seinem Teddy spielen? Er hat ja gar keine Zeit gehabt, neue Spiele kennenzulernen. Der Teddy ist enttäuscht und zieht sich schmollend zurück in seine Spielkiste. Gregor verspricht ihm: »Morgen werde ich länger im Kindergarten bleiben. Dann kann ich dir sicher neue Spiele zeigen.«

Und wirklich, am nächsten Tag schickt Gregor sogar seine Mutter fort. Er weiß ja, daß sie ihn sicher wieder holen kommt: »Du brauchst mich erst nach einer Stunde wieder abzuholen. Die Tante hat nämlich versprochen, daß wir uns heute verkleiden dürfen. Ich möchte das auch so gern machen.« Die Kindergärtnerin kommt mit einem Stoß Zeitungspapier, mit bunten Schleifen und Teilen von alten Spitzenvorhängen. Julia ruft: »Aus dem Spitzenvorhang mache ich mir ein Prinzessinnenkleid.« »Und du, Gregor?« fragt die Kindergärtnerin lächelnd. »Was machst du?« »Ich nehme das Zeitungspapier und bastle mir und meinem Teddy eine Zipfelmütze. Aus der roten Schleife knüpf' ich uns Krawatten.« Eifrig beginnen alle Kinder, an ihrer Verkleidung zu arbeiten. Gregor ist schon fast fertig. Aber da kommt bereits seine Mutter, um ihn abzuholen. »Was, jetzt schon? Bitte laß mich so lange hier, bis alle Kinder nach Hause gehen. Mir gefällt es so im Kindergarten. Ich will ein richtiges Kindergartenkind sein.« Die Mutter ist froh, daß Gregor so klug geworden ist, und läßt ihn weiterspielen.

Zu Hause spielt Gregor nochmals Verkleiden mit seinem Teddy. Den ganzen Abend ist er beschäftigt. Er macht immer neue Kostüme. Einmal verkleidet er den Teddy als Rotkäppchen, dann als Zauberer, als Puppenfee, dann wieder als König und zuletzt als Kasperle. Müde und zufrieden legt sich der Teddy mit seiner Kasperlemütze schlafen.

Am nächsten Tag werden im Kindergarten Wettrennspiele gemacht. Da kann der Teddy nicht mit. Aber es stört ihn nicht, er weiß ja, daß Gregor ihm ab nun jeden Tag neue Spiele zeigen wird. So wartet er gern auf ihn. Der Teddy und alle Spielsachen freuen sich, daß Gregor nun so gescheit geworden ist.

Was Eltern dazu wissen müssen

Besteht bei Ihrem Kind Trennungsangst, sollten Sie unbedingt noch vor dem Kindergarteneintritt dem Kind die Sicherheit geben, daß Sie ohnehin bald wieder zurückkommen, wenn Sie es kurzfristig verlassen. Aber die Bestätigung allein, daß Sie gleich wieder da sind, daß nichts passieren kann, genügt nicht. Das

Kind muß es erleben. Wenn es Angst zeigt, reden Sie nicht auf das Kind ein. Zwingen Sie es auch nicht, die Angst zu überwinden. Gewöhnen Sie es vielmehr langsam daran, kleine Zeitintervalle ohne Sie zu verbringen.

Der erste Übungsschritt kann zum Beispiel sein, daß Sie dem Kind sagen: »Ich warte einige Minuten vor der Wohnungstür. Baust du mir währenddessen einen schönen Turm? Dann komm' ich hinein und freu' mich über die Überraschung, die du allein gemacht hast.« Zweiter Übungsschritt: »Ich gehe den Mülleimer ausleeren und die Post holen. Ich komme gleich wieder und bin schon neugierig, wenn du mir zeigst, was du gespielt hast.« Die Zeitintervalle werden also nach und nach vergrößert. Aber natürlich sollten Sie ein Vorschulkind nicht ohne Betreuungsperson lassen, wenn Sie längere Zeit wegbleiben!

Wenn Sie Ihr Kind im Kindergarten anmelden, zeigen Sie ihm kurz die Räumlichkeiten und Spielsachen, die es dort gibt, ohne viel Aufhebens zu machen. Dann besuchen Sie gemeinsam mit dem Kind einige Male kurzfristig die Kindergartengruppe, in die Ihr Kind kommen wird. Drängen Sie nicht, daß es gleich mitspielen soll. Erst wenn Sie merken, daß es Interesse zeigt, fordern Sie es auf mitzumachen. Das Kind muß sich langsam an die neue Situation gewöhnen dürfen. Es soll nicht durch die Trennung von Ihnen und durch die unbekannte Umgebung überfordert werden.

Nach der ersten Eingewöhnungsphase lassen Sie das Kind einige Zeit in der Gruppe allein. Aber nicht, ohne das Kind darüber zu informieren! Sie können zum Beispiel währenddessen mit der Kindergartenleiterin sprechen. Danach gehen Sie wieder zur Gruppe, bleiben aber etwas abseits sitzen. Ziehen Sie sich nach und nach zurück. Plötzliches Fernbleiben könnte ein Schock für das Kind sein. In einem pädagogisch gut geführten Kindergarten wird dieses schrittweise Gewöhnen des Kindes an die neue Situation durchaus akzeptiert.

Oft kommt es auch vor, daß sich das Kind bereits im Kindergarten wohl fühlt, aber trotzdem zu Hause quengelt, daß es nicht hingehen möchte. In diesem Fall soll nicht viel argumentiert werden. Akzeptieren Sie vorerst die Weigerung, aber gehen Sie nicht weiter darauf ein. Lenken Sie das Kind auf die Inhalte hin, die es positiv im Kindergarten erlebt. Betonen Sie, wie interessiert Sie an seinen Erzählungen über das Geschehen im Kindergarten sind, wie sehr sie sich bereits auf das gemeinsame Gespräch darüber freuen. Quengelt das Kind weiter, so beachten Sie es nicht. Geben Sie nicht nach! Denn der Kindergartenbesuch ist ein wichtiges Training für die Schule.

Wenn Ihr Kind den Unterricht stört

»Der Clown mit der hupenden Nase«

Reinhard ging anfangs gar nicht gern zur Schule, denn kein Freund aus dem Kindergarten war bei ihm in der Klasse. Die fremden Kinder sprachen kaum mit ihm, und so ganz ohne Freunde fühlte er sich ziemlich allein und unsicher.

Seit einigen Wochen ist es aber anders: Reinhard wird von den Kindern beachtet. Begonnen hat es damit, daß die Lehrerin eines Tages Reinhard etwas fragte, auf das ihm keine passende Antwort einfiel. Alle Kinder starrten ihn an. Aus lauter Verlegenheit schnitt Reinhard Grimassen und, um nicht vor den Klassenkameraden dumm dazustehen, sagte er ganz einfach etwas Lustiges. Daraufhin lachten alle Kinder schallend. Daß die Lehrerin böse wurde, störte ihn kaum. Wichtig war nur, daß die Kinder lachten und ihn damit, wie er glaubte, endlich akzeptierten.

Nun fühlt sich Reinhard nicht mehr allein. Seit seinem gelungenen Spaß macht er weiterhin Dummheiten, da er die anderen unbedingt zum Lachen bringen möchte. Aber jetzt kichern nur noch wenige Kinder, denn für die meisten sind Reinhards Späße schon langweilig geworden. Doch das merkt Reinhard nicht. Nach wie vor glaubt er, daß er der Lustigste in der Klasse sei. In Wirklichkeit ist er nur ein Störenfried geworden.

Eines Tages kündigt die Lehrerin an, daß die Kinder mit ihr den Zirkus besuchen dürfen. Die Kinder freuen sich schon sehr auf den Zirkusbesuch.

Endlich ist es soweit. Sie haben Glück, daß die Lehrerin bereits rechtzeitig die Eintrittskarten besorgt hat, denn sie haben die besten Plätze in der ersten Reihe bekommen.

Die Kapelle spielt den Einzugsmarsch, und ein buntes Treiben beginnt. Akrobaten betreten auf den Händen die Manege, andere schlagen Saltos, geschmückte Pferde galoppieren im Kreis, verkleidete Hunde trippeln auf zwei Beinen herein, ein Esel kommt mit wilden Sprüngen, hinter ihm purzeln Clowns in die Manege, und der dumme August stolpert ständig über seine viel zu großen Schuhe.

Nun begrüßt der elegant gekleidete Zirkusdirektor die Zuschauer und kündigt die erste Nummer an. Eine Löwendressur. Reinhard sitzt ganz still und beobachtet aufgeregt, wie der Löwe durch den Reifen springt. Er hat Respekt vor den großen Tieren. Als die Nummer vorbei ist, fühlt sich Reinhard erleichtert, daß die Löwen doch so brav dem Dompteur gefolgt sind und daher auch nichts passiert ist.

Nach dieser aufregenden Nummer betreten die Clowns die Manege. Die Kinder lachen über die Clowns. Reinhard will sich wichtig machen und beginnt die Späße nachzuahmen. Den Kindern fallen Reinhards Dummheiten gar nicht auf, denn sie achten nur auf das, was die Clowns in der Manege treiben.

Aber einem besonders lustigen Clown mit einem winzigen schwarzen Hut auf seinem grünen Wuschelkopf und mit einer großen, runden, knallroten Nase, die jedesmal fürchterlich zu hupen beginnt, wenn sich der Clown die Nase putzen will, dem fallen Reinhards Dummheiten auf.

Plötzlich ruft dieser Clown zu Reinhard: »Ach, sieh da, ein Kollege! Mein Herr, darf ich Sie in die Manege bitten? Leisten Sie uns Gesellschaft, damit wir alle Ihre Späße bewundern können.«

Reinhard erschrickt. Er ist ein wenig verlegen, aber auch stolz, daß er dem Clown aufgefallen ist. So klettert er in die Manege. »Du bist doch ein Spaßmacher, nun zeig uns, was du kannst!« fordert ihn der Clown fröhlich auf. Aber nun fällt Reinhard nichts wirklich Lustiges ein. Er wiederholt nur die Späße, die er immer wieder in seiner Klasse zeigt. Er schneidet Grimassen, macht hinter dem Clown ein »Vogelzeichen« oder deutet Eselsohren an, dann sagt er irgendeinen Unsinn – aber keiner lacht darüber.

Da ruft ein Mädchen: »Die Clowns sollen weitermachen! Dieser Junge ist überhaupt nicht lustig, der ist ja nicht einmal ein dummer August!« Nun beginnen einige Kinder Reinhard sogar auszupfeifen. Andere schreien: »Geh endlich auf deinen Platz, du störst!«

Mit hochrotem Gesicht, den Tränen nahe, steht Reinhard wie versteinert in der Manege. Jetzt bekommt der Clown Mitleid mit ihm. Er versucht, dem Jungen zu helfen und von ihm abzulenken. »Meine Damen und Herren, ich bitte um Ruhe. Sie bekommen nun von mir, dem größten Trompeter aller Zeiten, das Lied ›Bruder Martin‹ geblasen. Alle müssen mitsingen.«

Der Clown macht eine tiefe Verbeugung, so tief, daß seine rote Knollennase am Boden anstößt, sofort laut zu hupen beginnt und nicht mehr aufhört. »Hilfe! Schluß mit dem Hupkonzert, du verrückte Nase! Bei dem Gehupe kann ich doch nicht Trompete blasen.« Aber die Nase hört und hört nicht auf zu hupen. Der Clown zieht an der Nase, zwickt hinein, um sie abzustellen, aber die Nase hupt nur noch lauter.

Das ist so lustig anzusehen, daß Reinhard ganz vergißt, wie er sich kurz zuvor blamiert hat, und er lacht herzlich mit den Kindern mit. Als der Clown merkt, daß Reinhard wieder fröhlich ist, fordert er ihn auf, zweimal in die Hände zu klatschen, vielleicht gehorcht diese schreckliche Nase dem Jungen. Reinhard klatscht fest in die Hände – und wirklich, die Nase hört auf zu hupen.

»Vielen Dank, Herr Kollege. Jetzt können wir endlich mit meinem Trompetenkonzert beginnen.« Der Clown drückt Reinhard eine kleine Trompete in die Hand: »Gib mir bitte den Ton an.« Reinhard bläst mit aller Kraft hinein – und statt eines Tons fliegt Konfetti aus der Trompete. Reinhard ist von oben bis unten mit den bunten Punkten übersät. Alle lachen über diesen Spaß, niemand spottet mehr über Reinhard. »Jetzt erst bist du ein echter Clown, weil du fröhlich mitmachst, ohne dich um jeden Preis in den Vordergrund zu drängen«, flüstert der Clown lächelnd Reinhard zu. »So, nun singen alle ›Bruder Martin‹, und ich blase dazu auf meiner Trompete.« Der Clown marschiert durch die Manege, Reinhard hinterdrein. Damit ist die Nummer beendet – allen hat die Vorstellung gefallen.

Am nächsten Schultag ruft die Lehrerin in der Pause Reinhard zu sich. »Bei dem Spaß mit den Konfettis, der dich aus der unangenehmen Situation befreite, ist mir eine Idee gekommen. Nach jeder Stunde, in der du keine Dummheiten gemacht hast, klebe ich dir als Belohnung in ein Heft Konfetti, also einen bunten Punkt. Jedesmal, wenn du zehn Punkte gewonnen hast, darfst du dir einen Ehrendienst in der Klasse aussuchen. Die Klassenkameraden sollen natürlich auch bei unserem Gewinnspiel mitmachen. Wenn sie nicht mehr über deine Dummheiten lachen und dich bewundern, wenn es dir gelingt, ein guter Kamerad zu sein und so wie sie aufzupassen, dann darf die Klasse zum Beispiel das nächste Ausflugsziel bestimmen. Du willst dich doch sicher nicht mehr blamieren wie anfangs im Zirkus. Du wirst sehen, es ist viel schöner, wenn die anderen dich wirklich gern haben, als wenn sie nur über dich lachen.« Reinhard ist sofort einverstanden.

Was glaubst du, wieviel bunte Punkte hat er wohl gewonnen? Ich kann es dir verraten. Da Reinhard nun kein dummer Spaßmacher mehr ist, sieht sein Heft aus, als wäre darauf ein ganzer Konfettiregen niedergegangen.

Was Eltern dazu wissen müssen

Wenn die Klassenkameraden wegen irgendeiner Bemerkung eines Mitschülers lachen, so ist das für den Betreffenden ein besonderes Erfolgserlebnis. Das Kind genießt es, aus der Gruppe der Klassenkameraden herauszutreten und beachtet zu werden. Es erlebt das Lachen als positive Zuwendung. Die nachfolgende Ermahnung des Lehrers hat bei weitem nicht denselben Einfluß wie die unmittelbar erhaltene Gruppenresonanz.

In den meisten Fällen handelt es sich bei diesen »Klassenkasperles« um Kinder, die nur wenig von den Klassenkameraden akzeptiert werden, die kaum Freunde haben. Für sie ist oft das Zwischenrufen ihre vermeintlich einzige Chance, beachtet zu werden. Ihr störendes Verhalten im Unterricht gewährleistet ihnen das Interesse der Mitschüler.

Wenn Sie zu Hause auf das Kind einreden, ihm klarmachen, wie wichtig es ist, im Unterricht keine Dummheiten zu machen, werden Sie, auch wenn sich Ihr Kind einsichtig zeigt, keinen durchschlagenden Erfolg haben. Wichtig ist, daß Sie mit dem Lehrer zusammenarbeiten. Der Lehrer soll mit dem betreffenden Kind über das Problem sprechen und, mit dem Einverständnis des Kindes, alle Schüler darüber instruieren sowie sie zur Mithilfe anhalten. Sie sollen bei jeder Störung so weit wie möglich das Lachen unterdrücken.

Da das Kind das starke Bedürfnis hat, sowohl in irgendeiner Form anerkannt zu sein als auch eine wichtige Position in der Klasse zu haben, soll dem Rechnung getragen werden. Mit der Klasse bespricht der Lehrer, daß er nun alle Kinder hinsichtlich ihrer Aufmerksamkeit und Mitarbeit beobachtet und ihnen seine Freude darüber durch Lob oder Zunicken kundtut (ohne Bevorzugung eines Kindes). Da aber alle wissen, daß es dem betreffenden Schüler besonders schwerfällt, sich zu beherrschen, ist sein Aufmerken im Unterricht als Leistung zu beurteilen. Diese Leistung wird entsprechend bewertet, wie jeder besondere Verdienst anderer Schüler auch.

Nach jeder Stunde bringt das Kind sein Mitteilungsheft (oder ein Notizheft), in das der Lehrer seine Unterschrift setzt oder einen Pluspunkt klebt. Diese Zuwendung ist zugleich Anerkennung für das Kind und Information für die Eltern. Sie bietet ihnen die Möglichkeit, ihr Kind nachträglich zu loben. Wenn das Kind den Unterricht gestört hat, gibt es *keine* Reaktion seitens des Lehrers und der Eltern. In der folgenden Stunde wird das Kind erneut motiviert.

Der Lehrer darf nicht vergessen, den Kindern ab und zu durch Nicken oder Lob ein Zeichen zu geben, daß er ihr Bemühen bemerkt. Für Schulanfänger ist eine Stunde des Ausharrens zu lang, sie brauchen in kürzeren Abständen die positive Rückmeldung!

Die Sorge mancher Lehrer, andere Kinder könnten eifersüchtig auf das Sonderprogramm eines Schülers werden, besteht zu Unrecht. Wenn der Lehrer die Kinder zur Mithilfe angeregt hat, und er diese Mithilfe entsprechend hervorhebt, dann akzeptieren die Mitschüler durchaus die kurzfristige Bevorzugung eines einzelnen. Es wird also nicht Eifersucht, sondern kameradschaftliches Verhalten erzielt. Das Hervorheben positiven Verhaltens führt zusätzlich dazu, daß sich die Mitschüler am betreffenden Kind ein Beispiel nehmen, sich also selbst auch mehr bemühen (Modellernen, siehe Seite 12). Die Anerkennung durch den Lehrer ist dabei natürlich besonders wichtig.

Wenn Ihr Kind verspottet wird

»Knirps, Kugelrund und Bohnenstange«

Es war einmal ein Junge, der war so klein, daß er von allen nur Knirps gerufen wurde. Die Nachbarn nannten ihn Knirps, der Bäcker, bei dem er immer die warmen Brötchen holte, begrüßte ihn mit »Hallo Knirps!«, die Kinder riefen ihm nach »Da geht der Knirps!«, ja sogar der Lehrer wußte keinen anderen Namen als Knirps für ihn. Das machte den Jungen sehr traurig.

Eines Tages betrat Knirps den Park und sah auf einer Bank einen Jungen sitzen, der den Kopf in die Hände gestützt hielt und vor sich hinseufzte. Knirps tat dieser fremde Junge leid und er beschloß, ihn anzusprechen. »Er wird mich hoffentlich nicht gleich auslachen«, dachte er. Er faßte Mut und fragte: »Warum seufzt du denn so herzerweichend? Von wo kommst du? Dich kenn' ich noch gar nicht.«

Der fremde Junge hob erschrocken den Kopf. »Was, du sprichst mit mir? Du verspottest mich nicht, weil ich so dick bin?« Jetzt erst fiel Knirps auf, daß der fremde Junge ein kreisrundes Gesicht hatte und fast so breit wie hoch war. »Ach«, erwiderte Knirps, »das hab' ich gar nicht bemerkt. Ich habe mir nur Sorgen gemacht, weil du so geseufzt hast.« »Das ist es ja gerade. Ich seufze, weil die Kinder mich immer verspotten. Sie nennen mich nicht einmal bei meinem Namen. Sie rufen mich nur noch ›Kugelrund‹, und das kränkt mich so. Ich kann doch nichts dafür, daß ich so dick bin!« »Und ich? Mir ergeht es wie dir. Ich kann nichts dafür, daß ich so wenig wachse. Weißt du was, ich glaub', die Kinder sind sehr dumm, daß sie uns verspotten für etwas, wofür wir gar nichts können.« »Ja, die Kinder sind dumm, dumm, dumm! Wir rufen es im Land herum, die Kinder hier sind dumm, dumm, dumm!« lachten die beiden Jungen nun fröhlich.

»Was schreit ihr da?«, fragte ein Junge, der plötzlich vor ihnen stand. Der Bub hatte dünne, lange Beine, und seine langen Arme schlenkerten am Körper herab, als ob sie nicht dazugehörten. Er hielt sich ein wenig gebückt, als wollte er sich dadurch verkleinern. »Ich bin da ganz eurer Meinung. Die Kinder hier sind wirklich dumm. Mich nennen sie ›Bohnenstange‹.« »Was?« riefen Knirps und Kugelrund zugleich. Knirps meinte: »Ach, wenn ich nur so groß wäre wie du, ich würde mich nicht mehr beklagen!« Kugelrund sagte: »Wenn ich nur so dünn sein könnte wie du, ich würde nicht mehr seufzen!« »Unsinn«, meinte Bohnenstange, »ich würde liebend gern mit euch tauschen. Etwas mehr Polsterung und dafür etwas kleiner zu sein, das würde mich schon glücklich machen.« »Ich wollt', ich wär' wie du, du wünschst, du wärst wie ich. Ist das nicht wunderlich? Das reimt sich«, lachten sie, und ihre Freundschaft war somit besiegelt.

Knirps, Kugelrund und Bohnenstange trafen sich jeden Tag, und keiner fand an dem anderen etwas Außergewöhnliches. Wenn sie von Kindern verspottet wurden, sangen sie gemeinsam »Wir rufen es im Land herum, die Kinder hier sind dumm, dumm, dumm!« und kränkten sich nicht, da sie ja nicht mehr alleine waren.

Als die anderen Kinder merkten, daß sich die drei Jungen nichts mehr aus ihren Spötteleien machten, wurde es ihnen nach und nach zu langweilig, sie zu verspotten, und siehe da, nach einiger Zeit fanden sie sogar, daß die drei nette, lustige Kerle waren. Knirps war nach wie vor klein, Kugelrund nach wie vor dick, Bohnenstange nach wie vor dünn und lang, trotzdem hatte sich alles verändert. Warum?

Die drei Freunde haben den Kindern gezeigt, daß nur dumme Leute nach dem Aussehen allein urteilen, sie haben durch ihr selbstverständliches, sicheres Fröhlichsein bewiesen, daß sie auch nicht anders als die übrigen Kinder sind und daher genauso zu ihnen gehören wie jeder andere.

Was Eltern dazu wissen müssen

Größer, kleiner, dicker, dünner... All die Merkmale, die ein Kind von der Altersgruppengemeinschaft deutlich unterscheiden, können für das Kind ein großes Problem darstellen. Sie werden ausgelacht, gehänselt und verspottet. Dabei erweisen sich Kinder oft wirklich, wenn auch natürlich nicht bewußt, als besonders »grausam«. Alles, was anders ist, was nicht der Norm entspricht, fällt auf und zieht daher die Aufmerksamkeit auf sich. Kinder, aber ebenso Erwachsene, beginnen vorerst nur mit

Kommentaren wie »Bist du aber klein!« Jetzt hängt es von der Reaktion des Betreffenden ab, ob diese Bemerkungen ins Spötteln übergehen. Gelingt es dem Kind, diesen Kommentar zu ignorieren oder sich offen dazu zu bekennen »Ja, wirklich. Ich bin zu klein«, werden die Provokationen bald aufhören. Zeigt es sich aber beleidigt, versucht es, das Gekränktsein durch eine schnippische Art zu verbergen, so kann das für die anderen wie eine Aufforderung wirken, weiter zu bohren. Wie können Sie dem Kind helfen, wenn es verspottet wird?

1. Indem Sie das Kind in seinem Problem akzeptieren: Das bedeutet, daß Sie ihm seine Schwierigkeiten nicht auszureden versuchen (»Aber geh! So schlimm ist es ja nicht! Du bist ohnehin...«), sondern Verständnis zeigen: »Ich glaube, du schämst dich, weil du kleiner (größer, dicker...) als die anderen Kinder bist. Stimmt das? Ich kann mir vorstellen, daß es dir weh tut, von den anderen gehänselt zu werden. Du möchtest genauso wie die anderen Kinder sein.«

2. Führen Sie das Kind zur Bewältigung des Problems hin: »Sind wirklich alle Kinder gleich, die du kennst? Gibt es in deiner Gruppe vielleicht ein dickeres, schlimmeres, dünneres, größeres, schlampigeres Kind? Denk einmal nach!

Weißt du, gestern hab' ich ein Kind gesehen, das von dummen Kindern verspottet wurde, weil es kein Eis mag. Du ißt doch so gerne Eis. Kannst du dir vorstellen, daß ein Kind kein Eis mag? Das kommt dir eigenartig vor, nicht wahr? Würdest du es deswegen verspotten? Sicher nicht. Siehst du, es gibt immer dumme Menschen, die über jemanden lachen, nur weil sie nicht verstehen können, daß er in irgendeiner Sache anders sein kann, anders aussieht oder anders denkt als sie.

Übrigens, dieses Mädchen hat es genauso gemacht wie die drei Freunde in unserer Geschichte, wie Knirps, Bohnenstange und Kugelrund. Sie hat diese dummen Spötter ganz einfach stehengelassen, hat genußvoll in ihre Käsesemmel gebissen und ist laut lachend mit ihrer Freundin Ballspielen gegangen. Die anderen Kinder haben nicht weiter gespottet, es war für sie ja nicht mehr lustig.

Im Grunde ist es allen gleich, wie jemand aussieht, wenn dieses Kind lustig oder freundlich ist und sich nicht verspotten läßt.

Dann erst merken die anderen, daß es ein lieber Freund sein kann und achten nicht mehr auf das Äußere.

Überlegen wir uns einmal gemeinsam, wie viele Kinder wir kennen, die auch irgendwie anders sind als die übrigen Kinder. Du wirst staunen, es gibt mehr, als du dir vorstellen kannst. Dir ist es nur nicht aufgefallen, weil sie fröhlich sind und sich nicht um die Hänseleien gekümmert haben.«

3. Helfen Sie Ihrem Kind, Selbstwertgefühl aufzubauen:
»Gregor und Charlotte sind deine Freunde, nicht wahr? Warum glaubst du, kommen sie dich gern besuchen? Ich erinnere mich, wie du deine Schokolade mit ihnen geteilt hast. Du bist also freigiebig und kein geiziges Kind. Darauf kannst du wirklich stolz sein. Dann fällt mir noch ein, daß du Gregor nicht verpetzt hast, als er eine Dummheit begangen hat. Du bist ein guter Kamerad, auf dich kann man sich verlassen. Erinnerst du dich auch an irgend etwas Liebes, das du getan hast und das dir zeigt, wie du bist, wie gern dich andere haben können?«

Wenn Ihr Kind zu Aggressivität neigt

»Thomas und der schwarze Rabe«

Thomas ist ein wilder, streitsüchtiger Junge. Er rauft mit allen Kindern, weil er beweisen möchte, daß er stark ist und sich nichts gefallen läßt. Die Kinder fürchten den Raufer und gehen ihm aus dem Weg. So hat Thomas keine Freunde.

Den Erwachsenen gibt Thomas freche Antworten, und wenn sie ihn rügen, zieht er sich trotzig in sein Zimmer zurück. Vorher wirft er entweder wütend irgendeinen Gegenstand, den er im Vorbeigehen erwischen kann, auf den Boden oder schlägt donnernd die Tür zu.

Eines Abends fliegt plötzlich ein riesiger schwarzer Rabe durch das offene Fenster in Thomas' Zimmer.

> Krah, krah, krah,
> der Rabe ist als Helfer da.
> Ich glaub', so bös' kannst du nicht sein.
> Bist vielleicht traurig und allein.
> Krah, krah, krah,
> der Rabe ist als Helfer da.
> Steh auf, du kleiner, wilder Mann
> und guck mein Zauberfernseh'n an.
> Krah, krah, krah,
> der Rabe ist als Helfer da.

Der schwarze Rabe hält in seinen Krallen einen kleinen Fernsehapparat. Er schlägt dreimal mit den Flügeln, und schon erscheinen die ersten Bilder: »Der kleine schwarze Rabe und das Eismännchen.« Da du den Film nicht sehen kannst, werde ich dir die Geschichte erzählen.

In den Riesenbergen hausen viele, viele Raben. Unter den vielen Rabenkindern gibt es auch einen kleinen Raben, der fröhlich mit den anderen spielt.

Doch eines Tages ändert sich alles. Die Rabeneltern müssen ein neues Nest bauen und haben damit sehr viel zu tun. Die gesamte Rabenverwandtschaft, die Rabengroßeltern, der Rabenonkel, die Rabentante, alle helfen mit. Sie sind so beschäftigt, daß sie kaum mehr Zeit für den kleinen Raben finden. Das stört den kleinen Raben sehr. Einmal ist er zornig, dann wieder unglücklich, dann enttäuscht, dann wieder ärgerlich, böse und wütend. Wenn die Eltern endlich einmal Zeit finden und den kleinen Raben etwas fragen, antwortet er frech und trotzig. Die Eltern ermahnen ihn: »Du bekommst einen ganz frechen Schnabel! Kannst du nicht artig sein wie die anderen Rabenkinder? Nimm dir ein Beispiel an ihnen!« Da denkt der kleine Rabe, daß die Eltern die anderen Rabenkinder lieber haben als ihn, und wird noch zorniger auf diese Rabenkinder. Er hackt mit seinem frechen Schnabel auf seinen Spielgefährten herum und reißt ihnen sogar die schönen Schwanzfedern aus. Natürlich wollen die Rabenkinder nichts mehr von ihm wissen, sie schließen den kleinen Raben von ihren Spielen aus.

Jetzt meint der kleine Rabe, alle seien gegen ihn, niemand habe ihn mehr lieb. Trotzig denkt er: »Ich brauche ohnehin niemanden! Ihr seid alle dumm und garstig. Ihr seid böse zu mir. Ich mag euch auch nicht.« Und so beginnt er immer mehr, die anderen zu quälen, frech zu den Erwachsenen und verstockt gegenüber den Eltern zu sein. Diese müssen den kleinen Raben ständig ermahnen, ihm gut zureden oder ihn bestrafen. Aber nichts hilft, der kleine Rabe fährt fort, auf andere loszugehen. In ihrem Kummer fliegen die Eltern in die schneebedeckten Berge, um Rat beim klugen Eismännchen zu suchen.

Das Eismännchen, ein gütiges, altes Zwerglein mit einem langen weißen Bart, rät ihnen, den kleinen Raben einige Zeit bei ihm in den Schneebergen wohnen zu lassen. Es ist in der ganzen Tierwelt als kluges, gutes, hilfsbereites Kerlchen bekannt. Viele Tiere kommen zu ihm, um Rat einzuholen oder um sich pflegen zu lassen, wenn sie verletzt sind.

So kommt der kleine Rabe zum Eismännchen. Die Eltern verabschieden sich traurig von ihm, die Mutter weint sogar ein bißchen. Das Eismännchen begrüßt den kleinen Raben freundlich und kümmert sich gar nicht um sein trotziges, zorniges Gesicht.

»Ich bin so froh, daß du gekommen bist. Ich denke, daß ich mich auf dich verlassen kann und daß du mir etwas helfen wirst. Du könntest mir einen großen Gefallen tun! Der starke Eisbär liegt bei mir und hat fürchterliche Bauchschmerzen. Er braucht ein besonderes Heilkraut. Du könntest mir meine Arbeit sehr erleichtern und die Schmerzen des starken Eisbären lindern, wenn du aus dem Tal dieses Heilkraut brächtest. Es ist keine leichte Aufgabe, ich verstehe, wenn es dir schwerfällt. Aber ich vertraue dir. Ich glaube, daß du klug und tüchtig bist, und uns eine wichtige Hilfe sein wirst. Willst du das für mich tun?«

Der kleine Rabe weiß nicht recht, was er sagen soll. Er ist es nicht gewohnt, daß man ihm gleich Vertrauen schenkt, und ihn noch dazu mit so einer wichtigen Aufgabe betraut. Er zögert und wird unsicher. Doch dann sagt er schnippisch: »Meinetwegen! Es wird mir ja sonst ohnehin zu langweilig in diesen öden Schneebergen.«

Dem Eismännchen macht es nichts aus, daß der kleine Rabe so schnippisch antwortet und beachtet diesen ungezogenen Tonfall gar nicht. »Danke, das freut mich wirklich sehr! Du bist hilfsbereit und deshalb unentbehrlich für uns. Es ist schön, daß ich mich so auf dich verlassen kann.«

Obwohl es der kleine Rabe noch nicht zugeben will, ist er doch sehr stolz über die Worte des Eismännchens. Schnell fliegt er los, um das heilende Kraut für den starken Eisbären zu suchen. Es ist gar nicht so einfach, die richtige Pflanze unter den vielen Kräutern zu finden. Doch der kleine Rabe freut sich, so eine wichtige Aufgabe zu haben und endlich einmal gebraucht zu werden. Nachdem er das Kraut gefunden hat, fliegt er zurück.

Das Eismännchen ist sehr zufrieden mit dem kleinen Raben und lobt ihn. Bald wird der starke Eisbär dank der Hilfe des kleinen Raben wieder gesund und so kräftig wie zuvor. Jetzt fassen auch die anderen Tiere Vertrauen zum kleinen Raben, und immer öfter bitten sie ihn um Hilfe. Er ist schon fast so wichtig wie das Eismännchen. Der Eisbär wird sein erster Freund, dann folgt der Schneehase, der Pinguin, der Seehund, und zuletzt hat der kleine Rabe fast nur noch Freunde. Da er so viel zu helfen hat und ihn alle gerne mögen, vergißt der kleine Rabe sein früheres garstiges Benehmen. Er wird lieb und freundlich, und man kann sich auf ihn verlassen.

Da kommen die Eltern angeflogen. Sie sind glücklich, ihren kleinen und noch dazu so lieben Raben wiederzuhaben. Das Eismännchen verabschiedet sich: »Du hast viel gelernt. Du weißt, wie man anderen helfen kann, du bist freundlich und zuverlässig geworden. Du wirst uns sehr fehlen! Komm uns später einmal besuchen, wenn es dir gelungen ist, auch unter den Raben so viel Vertrauen zu gewinnen wie bei uns.«

Da der kleine Rabe nicht nur ein tapferer und guter, sondern auch ein kluger Rabe geworden ist, verhält er sich zu den anderen Raben genauso freundlich und hilfsbereit, wie zu den Tieren in den Schneebergen. Die Raben beginnen ihn zu achten, und alle Rabenkinder wollen wieder mit ihm spielen.

Die Eltern haben zwar noch immer wenig Zeit für den kleinen Raben, doch sie lächeln ihm immer stolz zu. So weiß er, daß sie ihn nicht vergessen haben, und daß sie ihn, auch wenn sie sich nicht mit ihm beschäftigen können, doch sehr, sehr lieben.

Damit ist das Zauberfernsehprogramm beendet. Plötzlich kommt Thomas ein Gedanke: »Bist du vielleicht der kleine Rabe gewesen? Willst du mir deshalb helfen, weil ich auch so dumm bin, wie du es als kleiner Rabe warst?«

Der schwarze Rabe nickt und gibt Thomas ein Heilkraut mit vier runden Blättern. »Was soll ich damit?« wundert sich Thomas.

> Krah, krah, krah,
> der Rabe ist als Helfer da.
> Wenn du noch wütend werden solltest,
> wenn and're du gar quälen wolltest,
> dann nimm dies Rabenkraut zur Hand.
> Drück jedes Blatt bis an den Rand
> und zähle langsam: eins bis vier.
> Weg ist der Ärger. Glaub es mir!
> Bist freundlich du und hilfsbereit,
> dann wird man schon nach kurzer Zeit
> dich lieben, und – denk an den Raben –
> du wirst auch viele Freunde haben.
> Vergiß das nicht. Leb wohl. Krah, krah.
> Nun sind wir zwei als Helfer da.

»Kann denn ich wie der kleine Rabe werden? Wie denn? Hier bei uns zu Hause kann ich ja keinen Eisbären heilen. Es gibt auch kein Eismännchen, das mir hilft.« Beim Frühstück erzählt

Thomas den Eltern sein Abenteuer und fragt sie um Rat, wie er es dem kleinen Raben gleichtun könne.

Die Eltern schlagen vor, daß sie mit Thomas Eismännchen und kleiner Rabe spielen werden. So könnten die Eltern als »Eismännchen« einmal Thomas, das heißt den »kleinen Raben«, bitten, bei der Pflege der Pflanzen zu helfen oder einen Rat für das Sonntagsessen zu geben, ein anderes Mal wieder für das »Eismännchen« wichtige Einkäufe zu erledigen. Kurzum, Thomas soll genauso wie der kleine Rabe beim Eismännchen eine wichtige Person in der Familie werden. Natürlich nur, wenn es ihm gelingt, das Geschenk des schwarzen Raben, also das Heilkraut, auch richtig zu nützen.

Wenn Thomas sich zu ärgern beginnt oder zornig werden will, dann nimmt er das Heilkraut in die Hand, berührt Blatt für Blatt und zählt dazu langsam: eiiins, zweiii, dreiii, viiier. Dabei denkt er an die Geschichte des kleinen Raben. Und wirklich, die Wut ist beinahe ganz verflogen.

Was Eltern dazu wissen müssen

Die Aggressivität eines Kindes kann sich verbal (das Kind ist frech, schreit oder verwendet Schimpfwörter) und tätlich äußern (es macht Dinge kaputt, schlägt auf Personen ein). Meist beschränkt sich das Kind auf die verbale Aggression, um sich abzureagieren. Aggressives Verhalten zeigt es unter anderem, wenn es eifersüchtig ist, sich benachteiligt oder unverstanden fühlt oder unter mangelnder Zuwendung leidet.

Um kindlicher Aggressivität beizukommen, genügt es also nicht, Wutanfällen richtig entgegenzutreten. Ziel ist es, die Ursache für die Aggression zu beseitigen. Der Familie kommt dabei die wichtigste Rolle zu. Allem voran sollte das Kind kein aggressives Vorbild in der Familie haben. Achten sie darauf, wie oft Sie das Kind anschreien. Gelingt es Ihnen, sich zu beherrschen? Es ist notwendig, für das Kind eine ruhige, verständnisvolle Atmosphäre zu schaffen. Es muß sich akzeptiert fühlen, sich als vollwertiges Mitglied der Familie erleben können, das gebraucht wird und wichtig für die Eltern ist.

Wie reagiert man nun am besten auf die Aggressivität des Kindes? Wenn Sie mit dem Kind schimpfen oder es bestrafen, erreichen Sie keine Einsicht bei ihm. Es ist für das Kind nur eine zusätzliche Bestätigung: »Man mag mich nicht! Man versteht mich nicht!« Und so erreicht man gerade das Gegenteil – das Kind wird noch bockiger und reagiert seine Enttäuschung in Form von Aggressionen ab.

Gutes Zureden hilft auch nichts, da das Kind dadurch erlebt, daß es auf Grund seines aggressiven Verhaltens die Zuwendung bekommt, die es benötigt. Es wird also für seine Aggressivität belohnt. Die Argumente der Eltern, gleich in welcher Form sie sie vorbringen, werden vom Kind nicht entsprechend aufgenommen und bleiben daher bedeutungslos.

Wichtigstes Gebot: Das aggressive Verhalten muß übersehen, darf also nicht beachtet werden.

Falls die Gefahr besteht, daß das Kind sich oder andere verletzt oder Gegenstände zerschlägt, muß es »aus dem Feld« genommen werden. Es soll ruhig, aber bestimmt und *wortlos* aus der »Gefahrenzone« geholt werden. Dann können Sie kurz erklären: »Wenn du dich wieder beruhigt hast, freuen wir uns, und wir können wieder fröhlich zusammen sein.« Auf keinen Fall dürfen Sie das Kind einsperren. Es soll lediglich räumlich von der vorangegangenen Situation getrennt werden. Gelingt es Ihnen, seinem Weitertoben keine Beachtung zu schenken, wäre es sogar günstiger, bei dem Kind zu bleiben. Sie haben dadurch die Möglichkeit, dem Kind, wenn es zu toben aufhört, sofort positive Zuwendung zu geben. Diese Art von Aggressionsanfällen kann ziemlich lange dauern. Sie müssen daher eisern die Nerven bewahren.

Zur Veranschaulichung ein Beispiel aus meiner Zeit als Schuldirektorin:

Der achtjährige Toni wurde von den Eltern seit seinem dritten Lebensjahr (›Trotzphase‹) als problematisches Kind bezeichnet. Die Mutter war sehr nervös und ungeduldig, sie nörgelte ständig. Der Vater wirkte nach außen hin ruhig, konnte aber plötzlich »explodieren« und schrie die Mutter an. Das Familienleben war also alles andere als harmonisch. Außerdem war Toni eifersüchtig auf seinen vierjährigen Bruder.

Toni fühlte sich ständig beleidigt, angegriffen, mißverstanden. Er hatte keine Freunde, sagte aber trotzig, daß er ohnehin niemanden wolle. Oft waren es unvorhergesehene Kleinigkeiten (ein unbedachtes Wort der Lehrerin oder eines Kameraden, ein

Abbrechen eines Buntstiftes während des Zeichnens), die bei diesem Buben enorme Aggressionshandlungen hervorriefen. Er lief aus der Klasse, schlug mit dem Fuß gegen die Wand, warf Sessel um, schlug auf kleine Kinder ein.

Als er eines Tages in der Pause im Schulhof die Kindergartenkinder mit Fußtritten attackierte, wollte ich ihn in mein Büro führen. Da er wild um sich schlug und sich auf den Boden warf, mußte ich ihn geradezu aus dem Schulhof schleppen. Im Büro begann er sofort zu drohen, daß er mir alles zerschlagen werde. Ich reagierte nicht auf seine Drohung und sagte dann ruhig: »Es tut mir leid. Du bist jetzt so richtig wütend auf mich.« Er stutzte einen Augenblick, faßte sich aber gleich wieder und begann, die Papiere von meinem Schreibtisch auf den Boden zu werfen. Er beobachtete mich dabei genau und erwartete eine Reaktion von mir. Ich ignorierte (so schwer es mir auch fiel) seine Provokationen. Er wurde irritiert, da er nicht die gewohnte Reaktion auf sein Handeln erhielt, wollte aber noch nicht aufgeben. »Jetzt mache ich dir das Telefon kaputt!« drohte er und ging langsam, mit einem Seitenblick auf mich, zum Telefon. Wäre ich jetzt eingeschritten, hätte ich ihn nur in seinen Aggressionen bekräftigt. Er nahm das Telefon, ließ es jedoch bewußt mit Vorsicht fallen. Es war ihm ja nicht mehr darum zu tun, seine Aggressionen durch Zerschlagen von Dingen abzureagieren, jetzt waren seine Aggressionshandlungen ein Mittel, um mich zu provozieren, um eine Reaktion von mir zu erzwingen.

Ich war noch immer stumm und schaute ihn nicht an. Er wurde verunsichert und begann ein paar Mal mit dem Fuß gegen die Wand zu treten, warf noch meine Bleistifte auf den Boden und stellte sich dann mit trotzigem Gesicht gegen das Fenster. Jetzt war der Moment gekommen, in dem ich ihm Zuwendung geben mußte. Ich ging zu ihm hin, legte die Hand leicht auf seine Schulter und sagte: »Ich glaube, du bist traurig gewesen, weil dich jemand gekränkt hat. Nicht wahr?« Er antwortete nicht, blieb aber stehen. Ich begann ihn sachte zu streicheln und fuhr fort: »Das kann sehr weh tun, wenn man glaubt, daß die anderen einen nicht gernhaben. Ich kann mir vorstellen, daß du dich oft allein fühlst. – Ich habe bemerkt, daß du besonders gern und gut zeichnest. Deine Zeichnungen gefallen mir wirklich sehr. Du, ich würde mich freuen, wenn wir Freunde sein könnten, und du mir hie und da als Überraschung eine Zeichnung schenken würdest. In meinem Büro fehlen bunte Bilder. Schau, hier zum Beispiel würde sich eine Zeichnung nett ausnehmen.« Sein starrer Zustand entspannte sich langsam, er gab aber trotzdem keine Antwort. Ich begann die Papiere und Bleistifte vom Boden aufzusammeln und bemerkte: »Das wäre lieb von dir, wenn du mir helfen könntest, wieder alles in Ordnung zu bringen.« Wortlos half er mir. »So, danke für deine Hilfe! Du kannst wirklich ein guter Freund sein!« Am nächsten Tag hatte ich meine Zeichnung. Es folgten noch viele Zeichnungen nach. Nachdem wir mehrere eingehende Gespräche geführt hatten, nahmen seine Aggressionsanfälle in der Schule rapide ab.

Die Eltern wurden entsprechend instruiert, um ab nun richtig zu handeln und die Ursachen des aggressiven Verhaltens des Kindes zu verstehen und abzubauen. Wir vereinbarten die Durchführung eines »Erfolgheftes« oder »Sternchenheftes« (genaue Beschreibung Seite 18). Ein aggressives Kind fällt natürlich vorwiegend durch negatives Verhalten auf. Die Eltern sehen sich gezwungen, ständig zu ermahnen, auf ihr »Problemkind« einzureden. Sie übersehen dabei ganz, daß das Kind auch viele anerkennenswerte Eigenschaften hat. Erhält es immer wieder nur die Rückmeldung auf sein negatives Verhalten, wird es sicher nicht angespornt, sein Benehmen zu verbessern. Durch das Sternchenheft sollen also auch die Eltern umgeschult werden, dem Positiven in ihrem Kind mehr Beachtung zu schenken. Dem Kind hilft das Sternchenheft, Sicherheit und Selbstvertrauen zu erlangen. Damit verlieren die ursprünglichen Auslöser für Aggressionshandlungen nach und nach ihre Wirkung.

Wenn Ihre Kinder streiten

»Bammer und Flapsi, die Bärenkinder«

Hast du schon einmal im Zoo Bärenkinder beobachtet? Hast du gesehen, wie lustig sie sich oft herumbalgen? Wenn sie es aber gar zu arg treiben, dann schnappt sie die Bärenmutter am Fell, schüttelt sie und trägt sie fort.

Bammer und Flapsi sind auch zwei so liebe Bärenkinder. Aber die kannst du nicht im Zoo besuchen, denn sie wohnen mit ihrer Mutter weit weg von uns, in einer schönen, warmen Bärenhöhle. Bammer ist der ältere der beiden und daher größer und stärker als Flapsi. Bammer darf oft schon für kurze Zeit allein die Bärenhöhle verlassen. Da tollt er herum, klettert auf umgefallene Baumstämme oder plätschert im Bach. Dann jagt er wieder Fliegen oder Schmetterlingen nach und hascht nach herabfallenden Blättern. Oft wälzt er sich auch nur im Gras und brummt zufrieden vor sich hin. Besonders gern geht er auf Entdeckungsreisen – aber nicht zu weit. Denn so klug ist er schon, daß er immer in der Nähe der Höhle bleibt.

Manchmal macht es ihm nichts aus, wenn Flapsi ihn begleitet. Einige Spiele können ja auch mit ihr lustig sein. Aber meistens stört sie ihn. Denn Bammer hat eben auch seine eigenen Spiele, für die Flapsi noch zu klein ist, oder die man nur allein spielen kann. Flapsi ärgert das, denn sie will, daß Bammer nur mit ihr spielt. Sie will alles genauso machen und haben wie ihr Bruder. Wenn sie daher nicht gerade mit der Mutter spielt, fängt sie an, Bammer zu necken. Sie zwickt ihn in den Popo, schnappt ihm die süßen Beeren weg oder haut mit ihrer Tatze auf den Turm aus Flußsteinen, den Bammer gerade gebaut hat.

Bammer wird natürlich wütend und stupst Flapsi mit seiner großen Bärenschnauze um. Da weint Flapsi aus Zorn und läuft zur Mutter in die Höhle. Die Bärenmutter tröstet ihr Junges, und Flapsi kuschelt sich eng an sie. Aber bald will Flapsi wieder spielen. Sie klettert auf den Rücken der Mutter, zupft sie am Fell, knabbert an ihren Ohren und rutscht auf ihr herum. Die Bärenmutter läßt sich das alles geduldig gefallen.

»Das ist ein schönes Spiel, das möchte ich auch machen«, denkt Bammer und trottet herbei. Er springt auf den Rücken der

Bärenmutter, und weil er so stürmisch ist, stößt er Flapsi hinunter.

Flapsi wird nun böse und beißt ihn ins Bein. Bammer quietscht und fliegt auch vom Rücken der Mutter herunter. Er rappelt sich aber gleich wieder auf und gibt Flapsi eine Ohrfeige, denn nun ist auch er wütend geworden. Aber Flapsi streckt flink ihre Krallen aus und kratzt Bammer auf der Nase. Und – weiter kommen sie nicht mit ihrer Balgerei, denn die Bärenmutter setzt mit drohendem Gebrumm dem Ganzen ein Ende.

Wenn die Bärenkinder ein bißchen streiten, mischt sich die Mutter nicht ein. Aber wenn sie so böse aufeinander werden, dann muß sie einschreiten. Was soll die Bärenmutter mit ihren zwei Streithähnen bloß machen? Sie hat beide Bärenkinder gleich lieb, deshalb ist sie ja traurig, wenn ihre Kinder einander so weh tun.

Schließlich fragt sie ihren Nachbarn, den Adler, um Rat. Er haust gleich in ihrer Nähe, hoch oben in den Bergen. Er weiß über viele Dinge Bescheid, weil er der König der Lüfte ist und von oben beobachtet, was sich da so alles auf der Erde tut. Die Bärenmutter klagt ihm ihr Leid. Der Adler sagt: »Ich schenke dir einen Bergkristall. Geh wieder in deine Bärenhöhle. Du wirst sehen, der Bergkristall wird dir helfen.« Und bevor die Bärenmutter noch etwas fragen kann, ist der Adler schon wieder hoch in den Lüften.

In der Höhle freuen sich die Bärenkinder, daß die Mutter wieder da ist. »Hast du uns etwas mitgebracht?« »Wo warst du?« »Was hast du gemacht?« »Sag es mir.« »Nein, mir!« »Nein, mir!« »Ich hab' zuerst gefragt!« »Nein, ich, nicht du!« »Du bist dumm!« »Mama, der hat gesagt, ich bin dumm.« »Bist du auch!« »Gar nicht, du bist dumm!« – Und schon beginnt eine Prügelei. Die Bärenmutter ist betrübt und will sich schon einmischen. Aber plötzlich leuchtet der Bergkristall mitten in die Augen der Bärenmutter. Sie ist geblendet und schließt die Augen. Da fällt sie in tiefen Schlaf.

»Mama, wach doch auf. Bammer gibt keine Ruhe.« »Das stimmt nicht. Sie ist schuld. Glaub ihr nicht, Mama.« Aber die Bärenmutter hört von all dem nichts mehr. Sie schläft tief und fest. »Ich hab' Hunger, Mama!« jammert Flapsi. »Wer gibt mir denn zu essen? Mama, wach doch auf!« »Wein doch nicht gleich wieder. Suche ich dir eben süße Beeren. Vielleicht finde ich sogar einen Bienenstock. Dann können wir auch Honig naschen. Warte, ich komme gleich«, tröstet sie Bammer. Gemeinsam verzehren sie dann die köstlichen Speisen. »Mir ist langweilig. Ich möchte spielen. Aber Mama schläft noch immer. Also mußt du mit mir spielen, Bammer.« »Nein«, sagt Bammer, »ich möchte Steine in den Fluß rollen. Du kannst nicht mitmachen, sonst fällst du noch ins Wasser.« »Dann mußt du eben bei mir bleiben«, quengelt Flapsi. »Sei doch nicht wie ein Baby. Du kannst sicher schon allein spielen. Erfinde einmal ein Spiel. Ich erfinde oft welche. Du wirst sehen, das ist lustig. Später spielen wir dann gemeinsam.« Flapsi will natürlich nicht, daß ihr Bruder glaubt, sie sei noch ein Baby. Deshalb erfindet sie auch ein Spiel, so wie Bammer.

Als Bammer vom Fluß zurückkehrt, freut er sich, daß Flapsi schon so schön allein spielen kann. »Du bist wirklich kein Baby mehr«, lobt er sie. Nun balgen sie sich ein bißchen herum, so wie es bei Bärenkindern üblich ist. Also nur zum Spaß. Bammer gibt acht, nicht grob zu sein, und Flapsi ist nicht mehr so wehleidig. Sie lachen viel, und als sie müde geworden sind, kuscheln sich beide fest an die Bärenmutter, die noch immer tief schläft.

Am nächsten Morgen wachen alle gut ausgeschlafen auf. Die Bärenkinder sind natürlich froh, daß die Bärenmutter wieder mit ihnen sprechen und spielen kann. Es ist ja doch viel schöner, wenn sie sich mit ihnen beschäftigt und nicht den ganzen Tag schläft. »Na, so was? Das ist aber eine eigenartige Hilfe, die der Bergkristall leistet. Was habt ihr denn gemacht? Habt ihr sehr gestritten?« fragt die Bärenmutter besorgt. »Bammer ist sehr lieb gewesen. Er hat mir etwas zu essen besorgt.« »Und Flapsi, stell dir vor, Mama, Flapsi hat wie ein großes Bärenkind allein gespielt. Wir haben überhaupt nicht gestritten!«

»Da hat der Bergkristall aber wirklich geholfen. Aber eigentlich will ich nicht mehr einschlafen, wenn ihr zu streiten anfangt. Ihr wollt doch sicher auch, daß ich wach bleibe. Vielleicht könnt ihr euch weiter so im Vertragen üben wie gestern. Wenn ihr doch zu streiten anfangt, was bei Geschwistern ja ab und zu vorkommt, soll der Bergkristall kurz aufblinken, um euch zu warnen. So entsteht kein böser Streit mehr, und ich muß nicht wieder schlafen. Einverstanden?« »Ja, fein«, antworten die Bärenkinder fröhlich.

Und wirklich, die Bärenmutter muß von nun an nie mehr einen ganzen Tag schlafen. Hie und da blinkt der Bergkristall schon noch auf. Aber böse Streitereien entstehen keine mehr.

Was Eltern dazu wissen müssen

Die Behauptung, daß Eltern alle Kinder gleich liebhaben, stimmt sicher. Nicht aber, daß Eltern alle Kinder gleich behandeln. Oft überfordern sie das älteste, indem sie von ihm erwarten, »gescheiter« zu sein, nachzugeben, Verantwortung für die jüngeren Geschwister zu tragen, sich selbständiger zu geben. Beim jüngsten Kind gebrauchen Eltern nur allzu leicht die Entschuldigung: »Es ist ja noch klein, es versteht das noch nicht.« Eine Begründung, die sie beim Erstgeborenen im selben Alter vermutlich nicht mehr gegeben hätten, denn seit dem Geschwisterzuwachs hat es die Rolle des »Großen«.

Es gilt also, jedes Kind alters- und entwicklungsgemäß zu behandeln, unabhängig von seiner Geschwisterposition.

Wenn die Kinder den Eindruck gewinnen, daß ein Geschwister auf Grund seines Alters Vorteile erzielt, wird es nachgeahmt. Das ältere benimmt sich plötzlich wie ein Kleinkind, das jüngste imitiert den »Großen«. Untersagt man ihnen das oder rügt sie dafür, kehren sie die Enttäuschung zumeist in Aggression gegen die Schwester oder den Bruder um.

Wenn Sie vom ältesten Kind Rücksichtnahme oder Verzicht fordern müssen, vermeiden Sie das Argument »weil du älter bist«. Dieses Argument ist für das Kind nicht einsichtig. Es fühlt sich nur benachteiligt und lernt daher nicht, den wahren Sinn der Rücksichtnahme zu verstehen. Betonen Sie vielmehr die gegenseitige Hilfe im Familienverband.

Sie können Eifersucht und Streit unter den Geschwistern eindämmen, aber nicht verhindern. Eine gewisse Rivalität und ein Kräftemessen sind normal. Halten Sie sich bei Geschwisterstreitigkeiten heraus. Spielen Sie keinesfalls den Richter. Nur wenn ein Kind oder ein Gegenstand gefährdet ist, sollten Sie einschreiten. Sprechen Sie das Gefühl der Streithähne an (»Du bist sehr wütend«, »Du ärgerst dich«), ohne ein Urteil zu fällen. Danach versuchen Sie, die Kinder zu trennen und abzulenken.

Streiten Ihre Kinder allerdings überdurchschnittlich häufig, fragen Sie sie vorerst, was jeden einzelnen am anderen stört, und was ihm am anderen vielleicht doch gefällt. Vereinbaren Sie wirksame Maßnahmen.

Wenn Streit im Anzug ist, kann zum Beispiel mit Hilfe eines lustigen Signals (»Geheimzeichen«), das sich die Kinder aussuchen dürfen, ein Warnreiz gesetzt werden, der die Kinder an das erwünschte Verhalten erinnern soll. Gelingt es ihnen kurz danach, den Streit zu beenden oder zumindest abzuschwächen, dürfen sie sich ein Spiel oder eine Geschichte aussuchen. Reagieren die Kinder nicht auf das Signal, erzählen Sie im Selbstgespräch oder einer Puppe (Stofftier) wie schön es sein wird, wenn die Kinder zu streiten aufhören, was Sie mit ihnen spielen könnten. So führen Sie sie, ohne auf den Streit direkt einzugehen, langsam zum erwünschten Verhalten. Erst anschließend wird die Streitsituation erwähnt und das Programm neuerlich besprochen.

Wenn die Häufigkeit der Streitereien abnimmt, können Sie das Programm nach und nach absetzen.

Wenn Ihr Kind ein guter Partner werden soll

»Die Eichhörnchenkinder«

Robert liebt Tiere über alles. Er weiß genau über ihre Lebensgewohnheiten Bescheid und kann Stunden damit verbringen, Tiere zu beobachten. Doch auch die Pflanzen sind seine Freunde. Robert reißt nie einen Ast von einem Baum und pflückt nicht unnötig Blumen ab.

Robert ist überhaupt ein freundlicher, netter und hilfsbereiter Junge. Er hilft seiner Mutter im Haushalt und bereitet hie und da selbst einfache Speisen zu. Die Mutter freut sich, daß Robert so eine Liebe zu den Tieren und zur Natur entwickelt hat. Und sie ist stolz auf ihn, weil er zu Hause fleißig mithilft. Doch ist sie ein bißchen traurig, da sie oft lieber gesehen hätte, daß Robert mit anderen Kindern herumtollt.

Aber Robert hat keine Lust, mit Jungen zu spielen. Die sind ihm viel zu wild und einfallslos mit ihren andauernden Fußballspielen, ihren Angebereien und den ewigen Streitereien, wer der Stärkere sei. Ebensowenig kann er mit den Mädchen spielen, obwohl ihm die Spiele der Mädchen manchmal besser gefielen. Aber die Mädchen mögen keine Jungen mitspielen lassen. Robert beschäftigt sich daher auch oft im Park mit kleinen Kindern oder mit Babys, denen es noch gleichgültig ist, ob er ein Junge oder ein Mädchen ist.

Bald beginnen die Kinder, Robert zu verspotten. Sie rufen ihm Worte wie »Feigling, langweiliger Kerl, Stubenhocker, Babysitter« nach. Es kränkt Robert, sich das nachsagen lassen zu müssen, noch dazu, wo das alles ja gar nicht wirklich stimmt. Aber wie kann Robert diesen dummen Kindern klarmachen, daß sie ihm unrecht tun?

Als ihm ein besonders frecher Junge nachruft »He! Weißt du überhaupt, ob du ein Junge oder ein Mädchen bist?!« schämt sich Robert sehr. Es tut ihm weh, daß die Kinder ihn so gar nicht verstehen wollen. Da geht er traurig aus der Stadt hinaus in das nahe gelegene Wäldchen. Er setzt sich auf einen umgefallenen Baumstamm und beginnt leise vor sich hin zu weinen: »Warum müssen denn die Kinder so dumm sein? Ist man denn nur ein Junge, wenn man Fußball spielt und raufen kann? Was bedeutet es eigentlich, ein Junge zu sein? Bin ich es etwa weniger, weil ich kleine Kinder mag, meiner Mutter zu Hause helfe und mir nicht lieber die Zeit mit Blödsinn vertreibe? Ich bin doch ein Kind wie jedes andere auch!«

»Du bist ein besonders gutes Kind!« ertönt plötzlich eine zarte Stimme. Robert erschrickt sehr. Er schaut nach links, er schaut nach rechts, er schaut nach vorn, und er schaut nach hinten. Er kann aber niemanden entdecken. »Hier oben, in diesem Baumwipfel bin ich!« ruft die Stimme.

Robert blickt zum Baumwipfel hinauf und endlich sieht er, wer da zu ihm spricht. »Du bist ja eines der vielen Eichhörnchen, die ich schon so oft bei ihren lustigen Spielen beobachtet habe! Na, so was! Seit wann kann denn ein Eichhörnchen reden?!« wundert sich Robert.

»Alle Tiere haben ihre Sprache. Doch nur wenige Menschen können uns verstehen«, erklärt das Eichhörnchen und springt vom Baum herunter. »Komm, ich will dir meine Freunde zeigen«, und schon hüpft das Eichhörnchen quer durch den Wald. Robert hat Mühe, dem Eichhörnchen zu folgen.

Mitten im Wald findet gerade eine Eichhörnchenkinderversammlung statt. Da wimmelt es nur so vor lauter Eichhörnchen. Sie stellen ihre buschigen Schwänze steil in die Höhe und machen auf Robert den Eindruck, als ob sie sich sehr wichtig fühlen. »Wir beschließen gerade eine Arbeits- und Spielaufteilung für uns Eichhörnchenkinder«, erklärt das Eichhörnchen.

Ein dunkelbraunes Eichhörnchen ruft in die Kinderschar: »Ich habe noch große Nüsse in meinem Bau. Die könnten wir fürs Fußballspiel verwenden. Wer will mitmachen?« Es dauert nicht lange, bis dieses dunkelbraune Eichhörnchenkind die Fußballgruppe beisammen hat.

Dann meldet sich ein rotbraunes Eichhörnchen: »Ich habe noch Reste von Blütensaft, von verschiedenen Kräutern und von Haselnüssen. Wir könnten einen Kochkurs veranstalten. Wer hat Lust, mitzumachen?« Und wieder entschließen sich schnell einige Eichhörnchenkinder, am Kochkurs teilzunehmen.

Ein hellbraunes Eichhörnchen meint: »Wie wär's mit einer Handarbeitsgruppe? Aus den langen Grashalmen können wir zum Beispiel für unsere Höhlen Decken häkeln oder für den

Baueingang einen Vorhang flechten.« »Gute Idee!« stimmen einige Eichhörnchenkinder dem hellbraunen Eichhörnchen zu und bilden sofort eine Handarbeitsgruppe.

Es folgen noch Vorschläge für Wettrenn- und Springspiele, für Fangen und Verstecken und viele lustige Dinge mehr. Doch werden nicht nur Spielgruppen, sondern auch Arbeitsgruppen organisiert: Einige Eichhörnchenkinder melden sich, um dem kranken Eichhörnchenopa zu helfen. Andere, um einen Vorrat von Nüssen und Eicheln für die alten Eichhörnchen, die nicht mehr soviel laufen können, zu beschaffen. Und zuletzt bildet sich eine große Gruppe, die sich vornimmt, den Wald von den Papieren und Abfällen der Menschen zu säubern.

Robert ist begeistert: »Das gefällt mir! Bei euch würde es mir so richtig Spaß machen zu spielen oder mitzuarbeiten! Jeder kann machen, wozu er Lust hat, und doch habt ihr eine strenge Ordnung und seid fleißig.«

Das Eichhörnchen antwortet: »Du bist doch auch so wie wir. Du hilfst deiner Mutter, kannst saubermachen, kochen und würdest gerne viele verschiedene Spiele spielen.« »Das schon«, erwidert Robert, »aber hier bei euch würde ich nicht ausgelacht werden wie von den Kindern in unserer Stadt. – Übrigens, bist du eigentlich ein Eichhörnchenjunge oder ein Eichhörnchenmädchen? Und was sind diese vielen Eichhörnchenkinder? Welche sind die Jungen und welche die Mädchen?«

»Das ist doch völlig gleichgültig!« lacht das Eichhörnchen. »Aber wenn du es unbedingt wissen willst, weil das eigenartigerweise für dich so wichtig ist – ich bin ein Mädchen. Bei den anderen Eichhörnchenkindern ist es schwierig, dir jetzt zu sagen, wer was ist. Aber es werden ungefähr in jeder Spiel- und Arbeitsgruppe gleich viele Jungen wie Mädchen teilnehmen. Ich weiß es nicht genau, da wir ja darauf gar nicht so achten. Wichtig ist doch nur, daß wir gute Kameraden sind. Unsere Eltern sind auch so gute Kameraden und teilen sich jede Arbeit genau auf. Wir haben es ja von ihnen erlernt.«

»Was?« wundert sich Robert. »Du meinst, daß auch der Vater im Haushalt mitarbeitet, daß die Jungen auch Mädchen bei ihrem Fußballspiel mitmachen lassen, und daß sich auch Jungen zur Handarbeitsgruppe gemeldet haben?!«

»Natürlich. Warum denn nicht? Jedes Eichhörnchen macht

das, wofür es sich interessiert oder begabt ist. Das ist doch sonnenklar! Ich verstehe dich nicht. Was soll denn daran nicht selbstverständlich sein? Warum sollen Mädchen anders interessiert oder anders begabt sein als Jungen, oder Jungen andere Arbeiten machen und andere Spiele spielen als Mädchen? Wir sind doch in erster Linie alle Eichhörnchen! Ihr Menschen habt schon oft seltsame Ideen!« meint das Eichhörnchen kopfschüttelnd. »Warst du vielleicht deswegen so traurig, weil die Menschen so dumme Unterschiede zwischen Mädchen und Jungen machen? Du hast ein gutes Herz, und das ist das allerwichtigste! Du kannst stolz auf dich sein. Lach du die Menschenkinder aus, wenn sie dümmer sind als wir Eichhörnchen! Glaub mir, du bist weder ein Feigling noch ein langweiliger Kerl, wenn du nicht bei allen Jungenspielen mitmachen möchtest und dich auch manchmal gerne mit Mädchen beschäftigen würdest. Du hast schon recht, auch ein Junge sollte im Haushalt helfen. Du hast es ja jetzt bei uns gesehen. Wir sind alle fröhliche und zufriedene Eichhörnchenkinder. Auch wenn wir manchmal streiten und wenn ab und zu Tränen fließen, bleiben wir, Jungen wie Mädchen, doch gute Kameraden. Leb wohl! Besuch uns bald wieder! Vergiß nicht, was du bei uns gesehen hast.« Und schon huscht das Eichhörnchen zurück zu seinen Freunden.

Ganz verwirrt sitzt Robert auf dem Baumstamm. »Hab' ich das jetzt nur geträumt, oder war es Wirklichkeit? Hab' ich wirklich diese Eichhörnchenkinderversammlung gesehen? Wie war das doch? Bei ihnen ist es ganz gleich, wenn ein Junge so ist, wie sonst bei uns nur Mädchen sein dürfen, und ganz gleich, wenn ein Mädchen so ist, wie sonst bei uns nur Jungen sein sollen. Diese Eichhörnchen sind wirklich klug! Ich hab' sie schon so oft beobachtet, wenn sie fleißig Nüsse und Eicheln sammelten. Da es aber *das* Eichhörnchen heißt, habe ich mir noch nie Gedanken gemacht, ob es der oder die Eichhörnchen ist, das da so flink von Baum zu Baum springt.«

Beeindruckt von seinem Erlebnis kehrt Robert heim. »Die Eichhörnchen haben recht. Ich werde mich nicht mehr von dummen Kindern verschrecken lassen. Eigentlich kann ich wirklich stolz auf mich sein, denn ich kann alles, was normalerweise nur Mädchen machen, und kann auch alles, was sonst nur Jungen tun. Ich kann also viel mehr als die übrigen Kinder in meiner Stadt!«

Robert fühlt sich nun viel sicherer. Mit diesem neuen Selbstbewußtsein betritt er den Park. Er sieht sich die Kinder genau an und merkt, daß sie gar nicht so zufrieden und fröhlich wie die Eichhörnchen wirken. Die Jungen streiten wild um den Ball, einige Mädchen sitzen dicht beisammen und wollen ein anderes Mädchen nicht an ihren Geheimnissen teilhaben lassen. Ein Junge dreht unmutig mit seinem Fahrrad immer dieselbe Runde um den Parkrasen, ein Mädchen übt gelangweilt alleine Springschnurspringen. Die Kinder in der Sandkiste sind auch nicht gerade in guter Stimmung: Die kleinen Jungen zerstören mit ihren Schaufeln die Sandkuchen der Mädchen, und die Mädchen beginnen zu weinen.

»Das muß sich ändern!« denkt Robert. »Das wäre doch gelacht, wenn wir Kinder nicht genauso klug wären wie die Eichhörnchen!« Und so erzählt er den Buben und Mädchen im Park sein Erlebnis. »Pah!« ruft ein Großer. »So ein Unsinn! Ich werde doch kein Mädchenspiel spielen!« »Ihr könnt aber auch wirklich nichts verstehen!« ärgert sich Robert. »Es gibt ab nun keine Mädchen- oder Jungenspiele mehr. Es gibt nur noch Kinderspiele! Überlegt doch! Im Grunde habt ihr bis jetzt mehr gestritten als gespielt, weil euch vieles schon langweilig geworden ist. Probiert es doch einmal!« »Na gut, versuchen können wir es ja«, meinen die Kinder.

So organisiert Robert die verschiedenen Spielgruppen, wie er es bei den Eichhörnchen gesehen hat. Und siehe da, die Kinder haben richtigen Spaß daran. Sie kommen sogar noch auf neue Spielmöglichkeiten und haben viele gute Ideen.

Die Arbeitsaufteilung zwischen Mädchen und Jungen funktioniert jedoch nicht so einfach und rasch. Es ist eben doch für viele Jungen bequemer, wenn die Schwester der Mutter beim Geschirrabtrocknen hilft, während sie mit dem Vater basteln dürfen oder die Sportübertragung im Fernsehen ansehen können.

Was Eltern dazu wissen müssen

Kinder sollen von klein auf für eine spätere partnerschaftliche Beziehung erzogen werden. Partnerschaftlich zu agieren heißt, den Partner auf Grund seiner Eigenschaften und Qualitäten zu achten und zu respektieren. Auch eine gerechte Arbeitsauteilung gehört dazu.

Wie Sie aus dem theoretischen Teil entnehmen können, werden die meisten Verhaltensweisen anerzogen. Faulheit, Bequemlichkeit, dominantes Verhalten, Schüchternheit, Unselbständigkeit – all diese »Eigenschaften« geben wir den Kindern durch unsere Erziehung mit. Doch auch die Toleranz anderen Menschen gegenüber, das Verhalten in einer späteren Lebensgemeinschaft, erlernen die Kinder von uns. Wenn wir von vornherein einem Kind, nur weil es zum Beispiel ein Junge ist, Privilegien zugestehen (er darf wilder sein, darf mehr Freiheit haben, muß weniger zu Hause mithelfen), braucht es uns nicht zu wundern, wenn er sich später bedienen läßt und zu keiner echten partnerschaftlichen Beziehung fähig sein wird. Der Vorsatz, das Kind zur Partnerschaft zu erziehen, ist zum Scheitern verurteilt, wenn das Elternhaus kein entsprechendes Beispiel bietet. Verhält sich einer der Ehepartner (es muß nicht immer der Mann sein, der das negative Beispiel gibt) in keiner Weise partnerzentriert, werden dem Kind kaum die Regeln für eine echte Gemeinschaft, für Toleranz und gegenseitige Achtung vorgelebt. Dieses Kind orientiert sich dann nach dem Vorbild, das unter den günstigeren Bedingungen leben kann, also nach dem eher egoistischen Lebenspartner.

Vorerst müssen wir Erwachsenen lernen, von alten Klischeevorstellungen im Rollenverhalten zwischen Mann und Frau wegzukommen, in einer Person vor allem den Menschen zu sehen und ihn nicht allein nach Geschlecht oder Rasse zu beurteilen. Erst dann wird es uns gelingen, den Kindern den Weg zu echter Partnerschaftlichkeit zu weisen.

Wenn Umweltschutz für Ihr Kind wichtig werden soll

»Die Stahlix und die Gummerans«

Irgendwo in der Unendlichkeit des Weltalls gibt es einen öden, kahlen Planeten, der einmal, vor vielen Jahren, zu den schönsten Himmelskörpern zählte.

Dort, wo heute nur noch schmutziger Sand und karstige Felsen zu sehen sind, zogen einst Flüsse mit ihrem kristallklaren Wasser glänzende Bahnen durch die reiche Landschaft. Die Meere und Seen spiegelten die hellen Blautöne des Himmels wider. Man konnte bis auf den Grund sehen und das muntere Treiben der Wasserbewohner beobachten. Die Wiesen waren farbenfroh mit ihrer Vielfalt an Blumen und Insekten. Da gab es rote, blaue, gelbe, weiße, rosa und lila Blumen mit großen und kleinen Blüten, mit langen und kurzen Stengeln. Da flogen Schmetterlinge auf, dort krabbelten Marienkäfer, da sprangen Grashüpfer, dort summten Bienen, da zirpten Grillen. Ebenso lebendig ging es in den Wäldern zu. Die kräftigen Baumwipfel mit dem dichten Blätterdach boten vielen Tieren ein Zuhause. Unzählige Vogelarten konnten ungestört in den Ästen der Bäume ihre Nester bauen, und ihr Gesang hallte fröhlich durch den Wald. Hasen, Igel, Kaninchen, Rehe, Eichhörnchen und noch viele andere Waldbewohner huschten, liefen, flogen, krabbelten und kletterten zufrieden im grünen Dickicht.

Außer den Tieren und Pflanzen gab es noch Bewohner auf diesem wunderschönen Planeten, die Stahlix und die Gummerans. Die Stahlix waren rücksichtslose, gierige Wesen, die Gummerans hingegen gutmütige, aber leider schwache, einfältige Planetenbewohner.

Die Stahlix erzeugten in ihrer Gier alles, was es nur zu erfinden und zu erzeugen gab, und trachteten danach, daß sie auch alles, was möglich war, besitzen konnten. Gegen das Erfinden neuer Maschinen und Apparate, gegen das Erzeugen neuer Dinge wäre ja nichts einzuwenden, wenn die Stahlix ihre Talente mit Maß und Ziel und vor allem sinnvoll eingesetzt hätten. Aber gierig nach jedem Besitz, bereicherten sie sich mehr und mehr, so daß sie im Überfluß blind für ihre Umwelt wurden.

Sie benötigten ungemein viel Platz, um all ihre Habe, all ihre Güter, all ihre Maschinen unterzubringen. So begannen sie, Bäume zu fällen, Wälder zu roden, Tümpel zuzuschütten, Wiesen zu betonieren, Flüsse trockenzulegen. Trotzdem hatten sie noch immer nicht genügend Raum. So beschlossen sie, all das, was nicht mehr ganz nagelneu war, und natürlich auch die Abfälle ihrer vielen Maschinen in die Flüsse, Seen und Meere zu werfen. Die Stahlix-Kinder ahmten dumm ihre Eltern nach und warfen ihr altes Spielzeug, Getränkedosen, Schokolade- und Bonbonpapier, Verpackungen und Plastiktüten achtlos in die Wiesen, Wälder oder Gewässer, eben gerade dorthin, wo sie sich zufällig befanden.

Die Gummerans waren zwar nicht mit dem Verhalten der Stahlix einverstanden, aber sie unternahmen auch nichts gegen sie. Die Gummerans merkten anfangs noch nicht, daß alles viel schmutziger wurde und daß die Natur langsam erkrankte, sie erfreuten sich nach wie vor an den bunten Wiesen und an den grünen Wäldern. Als der Schaden, den die Stahlix der Natur zufügten, nicht mehr zu übersehen war, erschraken die Gummerans fürchterlich. Sie weinten, wenn sie ein von einer Blechdose verletztes Tier fanden, sie jammerten über abgestorbene Bäume, sie klagten über die trüben Gewässer, aber gleichzeitig bewunderten sie den Luxus der Stahlix, an dem auch sie teilhaben konnten. Deshalb wagten die Gummerans wieder nicht, sich gegen die Stahlix durchzusetzen.

Nur zwei Kinder der Gummerans, Klarlock und Friedlock, waren klug genug, gegen die Verschmutzung etwas zu unternehmen. Zuerst sammelten sie herumliegendes Spielzeug, Plastik, Dosen, Papiere auf, um Wiesen und Wald zu säubern, und tauchten ins Wasser, um Müll herauszuholen. Aber es war schon soviel Unrat auf diesem Planeten, daß sich ihre Mühe leider nicht mehr lohnte.

In ihrer Not beschlossen sie, die klügste und weiseste aller Planetenbewohner aufzusuchen, die alte Eule. Sie wohnte in einer hundertjährigen Eiche, die nun auch schon krank die Äste hängen ließ. Die Eule blinzelte nachdenklich, putzte ihr Gefieder, kratzte sich hinter dem Ohr und begann endlich zu sprechen: »Ich kann schon helfen. Meine Urgroßmutter hatte einen Zaubertrank unter dieser Eiche vergraben. Wenn man Pflanzen, Tiere und andere Lebewesen mit je drei Tropfen dieses Zaubertrankes benetzt, werden sie in Sekundenschnelle auf den benachbarten, noch unbewohnten Planeten versetzt. Gefährlich dabei ist, daß es genau drei Tropfen sein müssen. Wer weniger erhält, irrt einsam im Weltall umher, wer mehr als drei Tropfen zu sich nimmt, der landet auf irgendeinem weit entfernten Planeten. Und noch etwas. Es gibt nicht genug Zaubertrank für alle Bewohner. Daher dürfen die Stahlix keinen Tropfen bekommen. Vielleicht ist das auch besser so, denn wahrscheinlich lernen die Stahlix nicht aus ihren Fehlern und würden daher bald den neuen Planeten ebenso verschmutzen. Nun gut, grabt unter der Eiche und holt den Zaubertrank hervor. Bittet die Vögel, euch zu helfen, die Tropfen gut zu verteilen. Macht schnell, es ist höchste Zeit, die Natur zu retten.«

Karlock und Friedlock beeilten sich, gemeinsam mit den Vögeln, an Tiere und Pflanzen genau drei Tropfen zu verteilen. Flugs, waren die Wälder verschwunden, husch, waren die Wiesen weg, hui, sausten die Tiere in den Himmel. Öd und grau war nun der Planet.

Die Gummerans weinten bittere Tränen, sogar die Stahlix waren unangenehm berührt. Statt roter Blumen sah man rostige Metallteile, statt gelber Blumen altes Baumaterial, statt Fischen schwammen Ölflecke im Wasser, statt Bäumen erhoben sich Müllhalden. Der ganze Planet war mit Abfall übersät. Klarlock und Friedlock beträufelten nun auch die jammernden Gummerans mit dem Zaubertrank, damit sie schnell von dem traurigen Anblick der schmutzigen Öde erlöst wurden. Zuletzt nahmen sie selbst je drei Tropfen.

Obwohl die Reise nur einige Sekunden dauerte, kam es Klarlock und Friedlock vor, sie würden aus einer langen Ohnmacht erwachen, als sie auf dem Planeten landeten. Herrlich war der Anblick der saftigen, bunten Wiesen, der sauberen Flüsse, Seen und Meere, der prächtigen Tierwelt und der dichten Wälder. Klarlock und Friedlock fanden sogar die hundertjährige Eiche wieder, die nun gesund ihre Äste gegen das warme Sonnenlicht streckte.

Die Gummerans fühlten sich gestärkt und mutig. Sie begannen, Städte zu bauen und auch Maschinen zu entwickeln, wie sie es von den Stahlix gelernt hatten. Aber sie achteten sorgfältig darauf, daß ihre Fabriken, ihre Städte, ihre Maschinen sinnvoll errichtet und eingesetzt werden, damit die Natur keinen Schaden erleide.

Als Klarlock und Friedlock als letzte der Gummerans die Reise angetreten hatten, war die Flasche mit dem Zaubertrank noch nicht ganz leer gewesen. Vier Stahlix hatten sie gefunden und gierig hatte jeder aus der Flasche trinken wollen. Der erste hatte sogleich einen kräftigen Schluck gemacht, der zweite ebenso, für den dritten und vierten war nur mehr je ein Tropfen übriggeblieben. Die Warnung der alten Eule bewahrheitete sich: Der dritte und vierte Stahlix irren noch immer einsam im Weltall umher, denn kein Planet möchte solche Umweltsünder aufnehmen.

Und was glaubst du, ist mit dem ersten und zweiten Stahlix geschehen, die viel mehr als nur drei Tropfen Zaubertrank zu sich genommen hatten? Sie landeten, wie es die alte Eule angekündigt hatte, auf einem weit entfernten Planeten – und dieser ist ausgerechnet unsere Erde! So leben nun zwei Stahlix unter uns. Wir müssen sehr aufpassen, daß diese Stahlix nicht auch unsere Erde zu einem verschmutzten, kahlen, traurigen Planeten machen. Du hilfst doch mit, nicht wahr?

Was Eltern dazu wissen müssen

Der Umweltschutzgedanke ist schon lange nicht mehr die Ideologie einer Minderheit. Für die Umwelt zu sorgen gehört zu den notwendigen Maßnahmen des täglichen Lebens und ist daher auch ein wichtiger Bestandteil der Erziehung.

Wie bringt man Kinder dazu, die Umwelt zu achten, wie fördert man ihr Umweltbewußtsein? Nur wenn es die Eltern verstehen, das Kind an ihrer Freude an der Natur teilhaben zu lassen, es miteinzubeziehen (ohne ihm ihre Haltung aufzudrängen!), wenn sie dem Kind vorleben, auf die Natur Rücksicht zu nehmen, auf umweltschädigende Aktionen zu verzichten, dann übernimmt das Kind bereits durch Modellernen die richtige Einstellung.

Die Eltern müssen also in erster Linie als Vorbild dienen. An Hand von praktischen Beispielen sollen Sie im Alltag gemeinsam mit dem Kind das Umweltverständnis trainieren (leere Milchpakete zusammenfalten, Abfälle in den dafür vorgesehenen Behälter geben, nichts wegwerfen, nichts liegenlassen etc.) und die Feinfühligkeit des Kindes der Natur gegenüber wecken (Lebensgewohnheiten und Bedürfnisse unserer Tiere erklären, auf die Schönheit der Insekten und ihre Nützlichkeit aufmerksam machen, Pflanzen hegen, nicht zerstören etc.).

Wenn Ihr Kind gelernt hat, auf eine saubere Umwelt zu achten, wenn es für die Natur Sensibilität entwickelt hat, wird es nicht nur die Pflanzen- und Tierwelt, sondern auch den Menschen feinfühlig begegnen können.

Wenn Ihr Kind mit dem Tod konfrontiert wird

»Oma ist gestorben«

Oma ist gestorben. Anna kann sich gar nicht vorstellen, daß Oma nun nicht mehr da ist. Anna hat Oma sehr liebgehabt, und nun soll sie ihre Großmutter nie wiedersehen?

Zu Hause herrscht gedrückte Stimmung, alles ist so still geworden, die Eltern sprechen nur leise miteinander. Mama wischt sich ab und zu verstohlen die Tränen weg, und Papa räuspert sich verlegen. Zu Anna haben die Eltern nur ganz ernst gesagt: »Oma ist jetzt im Himmel. Dort geht es ihr besser, denn nun hat sie keine Schmerzen mehr.«

»Aber ich hab' sie doch so lieb. Warum ist sie nicht mehr da? Wieso geht es ihr nun besser? Warum ist sie gestorben?« fragt Anna verzweifelt. »Du weißt ja, daß sie sehr krank gewesen ist. Und sie war auch schon alt. Da ist das Herz schon müde und hört einmal auf zu schlagen«, antworten die Eltern und blicken traurig zur Seite.

»Sterben nur kranke, alte Leute? Werden Mama und Papa an einem müden Herzen sterben? Ich glaube, Kinder sterben manchmal auch. Tut Sterben weh? Was ist das, im Himmel sein? Ist dort auch mein Meerschweinchen, das ich voriges Jahr verloren habe? Spielt nun Oma mit meinem Meerschweinchen? Kann mich Oma jetzt sehen?« – All diese Fragen beschäftigen Anna, aber sie wagt es nicht, die trauernden Eltern mit ihren Fragen weiter zu stören.

Unruhig wälzt sich Anna im Bett hin und her. Plötzlich sieht sie Omas liebes, vertrautes Gesicht vor sich. Anna erinnert sich an die vielen Geschichten und Kindergedichte, die ihr die Großmutter oft erzählte. Omas Lieblingsgedicht kann sie sogar noch auswendig. Es handelt von einem Jungen, der gestorben ist und vom Himmel seiner Mutter einen Gruß sendet, damit sie ein bißchen getröstet wird und fröhlich an ihr Kind denkt:

> Die kleinen Englein sitzen abends um den Tisch
> mit blank geputztem Flügelfederwisch.
> Sie schnitzen Sternlein, schön gezackt und hold,
> und überpinseln sie mit purem Himmelsgold.

> Der heilige Petrus, der schaut ab und zu,
> guckt hier und da und gönnt sich keine Ruh'.
> Blickt über jede Schulter, lobt und schilt
> und greift dort zu, wo's was zu helfen gilt.
> Dort hinten in der Ecke ist ein Platz,
> da sitzt vergnügt ein kleiner Flügelmatz.
> Er hält seinen Stern, fast wie er selbst so groß,
> und tuscht und pinselt immer fest drauflos.
> Da plötzlich tönt durch all die Himmelsruh
> der Schreckensruf: »Herrjeh! Was tust denn du?!«
> Und alles guckt und sieht genau,
> der Flügelmatz malt alles himmelblau!
> Und Petrus streng: »Ach Kind, was malst du da?!«
> Doch dieser ruft vergnügt: »Das ist für die Mama!
> Mama hat himmelblau so schrecklich gern.
> Drum mal' ich blau statt golden meinen Stern.
> Wenn er dann so schön blau am Himmel strahlt,
> dann sagt sie ganz gewiß: »Den hat mein Kind gemalt!«

Auch wenn nur im Märchen die Englein Sterne malen, so weiß Anna doch, daß Oma ihr auch ab und zu so eine Art »Sternengruß« senden wird. Da Anna ihre Oma liebt, wird sie, so oft sie nur möchte, fröhlich an ihre Großmutter denken. Dann ist es für einige Augenblicke fast so, als wäre Oma noch bei ihr.

Nun fällt Anna ein, daß irgendwo eine Zeichnung liegt, die Oma ihr einmal geschenkt hat. Anna kramt sie sogleich hervor, nimmt das Snoopy-Poster von der Wand und hängt Omas Zeichnung auf. Da kommen die Eltern ins Zimmer, und plötzlich fangen alle zu weinen an. Es tut gut, sich so richtig ausweinen zu dürfen. Als sich alle ein wenig erleichtert fühlen, erzählen sie einander viele nette Geschichten über Oma, und jetzt endlich wird Anna alle ihre Fragen los.

Was Eltern dazu wissen müssen

Gönnen Sie sich und dem Kind eine echte Trauerzeit! Das heißt, daß Sie weder Gefühle unterdrücken noch das Thema »Tod einer geliebten Person« vermeiden sollen.

Die Angst, man könnte das Kind durch solch eine »Trauerzeit« unnötig belasten, ist unbegründet. Wenn Sie echten Schmerz empfinden, gelingt es Ihnen kaum, diesen völlig zu verbergen. Bleiben Ihre Empfindungen aber unausgesprochen, verunsichern Sie das Kind durch die »Trauersignale«, die Sie unbewußt aussenden. Wenn Sie ehrlich Ihre Gefühle eingestehen und dem Kind ähnliches Empfinden zubilligen, helfen Sie ihm, sich zu öffnen und über seinen Kummer ungehemmt zu reden. Verfallen Sie nicht in den üblichen Fehler, dem Kind sofort irgendeinen »Trost« aufzuzwingen, bestätigen Sie zuerst seine Gefühle.

Schleichen Sie nicht wie die Katze um den heißen Brei, wenn es auch um das Thema »Tod« geht. Aber überfordern Sie das Kind nicht durch lange Erklärungen. Der richtige Weg ist, die Fragen des Kindes kurz und prägnant, also so eindeutig zu beantworten, wie sie gestellt worden sind. Sprechen Sie im Familienverband eingehend über die (den) Verstorbene(n), tauschen Sie schöne Erinnerungen aus, und erzählen Sie einander nette Begebenheiten. Dies wirkt aber erst dann befreiend, wenn Sie es sich und den anderen Betroffenen gestattet haben, den Schmerz frei zu zeigen.

Neue, therapeutische Märchen für Kinder von 6 bis 10 Jahren

Gerlinde Ortner
Neue Märchen, die den Kindern helfen
Für Kinder
von 6 bis 10 Jahren
176 Seiten

Die Geschichten helfen Kindern
- Ängste und Unsicherheiten zu bewältigen,
- familiäre Konflikte und Probleme aufzudecken

und Erwachsenen
- wie sie bei kindlichen Verhaltensstörungen reagieren können,
- wie sie Kinder besser verstehen lernen.

Erhältlich in jeder Buchhandlung!